新・教職課程演習　　第 7 巻

道徳教育

筑波大学人間系准教授　**田中マリア**　編著
広島大学大学院准教授　**杉田　浩崇**

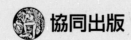協同出版

刊行の趣旨

　教育は未来を創造する子どもたちを育む重要な営みである。それゆえ，いつの時代においても高い資質・能力を備えた教師を養成することが要請される。本『新・教職課程演習』全22巻は，こうした要請に応えることを目的として，主として教職課程受講者のために編集された演習シリーズである。

　本シリーズは，明治時代から我が国の教員養成の中核を担ってきた旧東京高等師範学校及び旧東京文理科大学の伝統を受け継ぐ筑波大学大学院人間総合科学研究科及び大学院教育研究科と，旧広島高等師範学校及び旧広島文理科大学の伝統を受け継ぐ広島大学大学院人間社会科学研究科（旧大学院教育学研究科）に所属する教員が連携して出版するものである。このような歴史と伝統を有し，教員養成に関する教育研究をリードする両大学の教員が連携協力して，我が国の教員養成の質向上を図るための教職課程の書籍を刊行するのは，歴史上初の試みである。

　本シリーズは，基礎的科目9巻，教科教育法12巻，教育実習・教職実践演習1巻の全22巻で構成されている。各巻の執筆に当たっては，学部の教職課程受講者のレポート作成や学期末試験の参考になる内容，そして教職大学院や教育系大学院の受験準備に役立つ内容，及び大学で受講する授業と学校現場での指導とのギャップを架橋する内容を目指すこととした。そのため，両大学の監修者2名と副監修者4名が，各巻の編者として各大学から原則として1名ずつ依頼し，編者が各巻のテーマに最も適任の方に執筆を依頼した。そして，各巻で具体的な質問項目（Q）を設定し，それに対する解答（A）を与えるという演習形式で執筆していただいた。いずれの巻のどのQ&Aもわかりやすく読み応えのあるものとなっている。本演習書のスタイルは，旧『講座教職課程演習』（協同出版）を踏襲するものである。

　本演習書の刊行は，顧問の野上智行先生（広島大学監事，元神戸大学長），アドバイザーの大髙泉先生（筑波大学名誉教授，常磐大学大学院人間科学研究科長）と髙橋超先生（広島大学名誉教授，比治山学園理事），並びに副監修者の筑波大学人間系教授の浜田博文先生と井田仁康先生，広島大学名誉教授の深澤広明先生と広島大学大学院教授の棚橋健治先生のご理解とご支援による賜物である。また，協同出版株式会社の小貫輝雄社長には，この連携出版を強力に後押しし，辛抱強く見守っていただいた。厚くお礼申し上げたい。

　　2021年4月

　　　　　　　　　　　　　　　監修者　筑波大学人間系教授　清水　美憲
　　　　　　　　　　　　　　　　　　　広島大学大学院教授　小山　正孝

序文

　近年，「いじめ」をはじめ，子どもや学校をめぐる諸問題を背景として道徳教育の充実に期待が寄せられておりますが，その方向性は「特別の教科道徳」の誕生に象徴されるように，学校教育の枠内にとどまっているように思われます。しかしながら，道徳教育は人と人とが平和で幸福に生きようとするなかで必要とされてきたものであり，その意味において，哲学，思想，宗教，倫理，法律，政治，経済，心理等々，広い視座から語られるべきものではないでしょうか。

　編者の一人である田中が所属する筑波大学道徳教育学講座でも，道徳教育を専門に研究する学問領域として，日本の大学院博士課程に初めて独立したかたちで研究室を設置して以来，道徳教育のとらえ方をいたずらに狭めることのないよう，できるだけ射程を広く構えながら柔軟に研究し発信することに努めて参りました。また，道徳教育学を専門としつつも，道徳教育をめぐる議論が特定の専門家集団のなかで閉じてしまい視野 狭 窄に陥ってしまうことのないよう，学問として道徳教育を研究する姿勢を堅持して参りました。

　他方，もう一人の編者である杉田が所属する広島大学教育哲学講座では，ひろく教育哲学の立場から，道徳を教えるだけでなく，道徳的に教えることについても考えてきました。教育はいま成長しつつある子どもや学習者の将来を願って，彼らが変容することを期待して行われる営みだと理解できるでしょう。そこには，他者であるはずの子どもや学習者をコントロールしようとする欲求が伴いがちです。なかでも道徳教育はその欲求が善意に支えられることが多いがゆえに，その暴力性は見落とされがちです。道徳教育を考えるときには，教えることの道徳性にも目を向ける必要があるかもしれません。

　本巻はこのような背景をもつ両大学の執筆者の特徴を活かして，とかく授

業としての道徳教育に目が向きがちな昨今の潮流において，表面的で対症療法的なアプローチではなく，より広く多様な視座から道徳教育に迫れるよう，両者がともに協力して編集・執筆したものです。例えば第１章の道徳の基礎概念では，法や政治，経済と道徳との関係も取り上げました。第２章の道徳性発達の基礎理論では，ジョナサン・ハイトやアイゼンバーグといった多様な人物の理論を含めました。第３章の道徳教育の基礎理論では，主要な思想家だけでなく社会学者のデュルケムや芸道・武道の世界における人格陶冶的性格についても触れました。第６章以降は現代日本の道徳教育について言及しておりますが，評価や現代的諸課題に関する事項を充実させました。

　本巻は10章から構成されており，前半に道徳教育全般に関わる事項が，後半に現代日本の学校における道徳教育に関わる事項が配置されています。各事項はそれぞれが独立しておりますので，読者の皆さんにはどこから取り組んでもらっても構いません。また，各事項はいずれもQ（問い）に対するA（解答例）として記述されています。解答例は基礎的な知見を中心に簡潔にまとめられたものとなっておりますので，別途，参考文献や原典など，より多くの情報に触れ，自分なりの読み方や考察も加えるなどして理解を深めていってもらいたいと思います。

　最後になりましたが，本巻の執筆にあたっては，実に多くのご専門の先生方にご協力賜りました。COVID-19（新型コロナウイルス感染症）の感染拡大により大学の授業もオンライン化し，それへの対応で多忙を極めるなかでご執筆下さいましたことに深く感謝申し上げます。

　　2021年9月

　　　　　　　　　　　　　　　　　編者　田中マリア・杉田浩崇

目次

第7章 学校における道徳教育の目標・内容

第8章 学校における道徳教育の方法

第9章　学校における道徳教育の評価

第10章　現代的諸課題に応える道徳教育

第 **1** 章

道徳の基礎概念

▌ Q 1　道徳とは何か，辞書的定義，哲学的・倫理学的観点，生物学的・心理学的観点から説明しなさい

1．道徳の辞書的定義

　『広辞苑』によれば，道徳とは「人のふみ行うべき道。ある社会で，その成員の社会に対する，あるいは成員相互間の行為の善悪を判断する基準として，一般に承認されている規範の総体。法律のような外面的強制力を伴うものでなく，個人の内面的な原理。今日では，自然や文化財や技術品など，事物に対する人間の在るべき態度もこれに含まれる。」とされている。この定義から道徳には「ある社会で（中略）一般に承認されている規範」に示される社会の中で通用する善さの側面と「人のふみ行うべき道」や「個人の内面的な原理」に示される社会を超えて追求する正しさの側面があると考えられる。また「今日では，自然や文化財や技術品など，事物に対する人間の在るべき態度もこれに含まれる」に示されるように社会の発展により適用範囲が広がる側面も見られる。さらに人間のみが道徳を備えているとする見方もあれば，「成員相互間の行為の善悪を判断する基準」に示される集団生活をする社会的な動物にも道徳の萌芽が見られるとする見方もある。

2．善さ・正しさに関わる哲学的・倫理学的観点から見た道徳

　道徳に関する哲学や倫理学の議論ではギリシア時代から相互に対立する複数の観点が出されてきた。まず，道徳とは人々の幸福を増進すると多くの人々から認められる善い生き方であるとする見解がある。この見解によれば現実的に多くの人々を幸福にする「善さ」を追求することで人々の尊敬を集めている道徳的に優れた人物の言動の在り方が道徳であるということになる。

　しかし，ある人が多くの人々を幸せにしたと認められればその人は道徳的な性格をもっており，その行動は正しいと言えるだろうか。人物の性格や人々の支持・不支持によらず，いつの時代でもどんな社会でも誰から見ても無条件に「正しい」かどうか判断できる基準を追求し，理想状況における「正しい」判断基準を設定したものが道徳であるとする考え方もある。

　これに対して無条件で絶対的な「正しさ」は抽象的であり，道徳的に完全ではない我々がそれに従って行動することは困難なことから，現実の社会において多くの人々が認めることのできる道徳の判断基準として個々の人々の幸福の総計を最大化する原理が示された。ジェレミー・ベンサム（J. Bentham）の功利主義として知られるこの原理によれば，道徳とは個々人の行為の結果として得られる快楽の総計が最大となるよう行動することである。このような道徳の考え方は大事故などで死傷者が多数いる状況で速やかに救命措置を行うための搬送や治療の優先順位づけ方法であるトリアージにもつながる。

　しかし，ベンサムの功利主義は快楽の質の区別をせず一人ひとりの個性や置かれた状況の違い，行動の動機も考慮に入れないため「個人の自由を侵害する」あるいは「不道徳な快楽の追求が許されてしまう」と批判された。これに対して，ベンサムの功利主義を発展させたジョン・スチュアート・ミル（J. S. Mill）は身体的快楽より精神的快楽を質の高い快楽とみなして質の高い快楽を追求する個人を優先する形で幸福の総計を最大化することを主張した。このような道徳は，人々が精神的な快楽の質を評価するためにさまざ

な精神的快楽を経験し，それぞれの幸福度を評価することのできる人格を備えることを前提とする。

　だが身体的快楽の追求はそれ自体善くないことだろうか。また功利主義では回避されるべきとされる不快は常に悪と言えるだろうか。環境や状況によって，また人によっても快不快の受け止め方は様々である。しかも，ここまで挙げた 4 つの道徳は同じ言動に対して互いに対立する善悪判断をすることも多い。そのため，人によって「正しさ」や「善さ」の基準は異なるので道徳はそれぞれの人が各自で考えればよいものであり，道徳を教えることは不可能であるとする結論に達する道徳的相対主義の立場もある。

　しかし，道徳的相対主義の「人によって道徳の基準は異なることを認めるべき」とする主張それ自体が自己矛盾しており，他の立場に対する批判が自分自身への批判にもなる。この問題に対して，道徳的相対主義はそれまで互いに対立してきた 4 つの立場全てを対等なものと捉える視点を提供したと考えれば，4 つの立場を互いに補い合う視点と受けとめて道徳を歴史的に発展し続ける概念として捉え直すことが可能となるだろう。

3．進化・発達に関わる生物学的・心理学的観点から見た道徳

　近年の生物学や進化心理学の研究では，およそ800万年前に共通祖先から分かれたとされるチンパンジーやゴリラ，ボノボなどの類人猿と人類には共通する道徳性の萌芽があると見られている。それは，集団のルールを理解し，そこから逸脱した行動をとる者を罰しようとする衝動，協力関係を築くために食料を分け与える互恵的な利他行動などである。そしてチンパンジー属や古代の狩猟採集民の多くは，周囲に危険がないかどうか，自分を守るにはどうすればよいか心配し，自分の身を守るために独自の基準やルールを作って行動するようになった。集団の中で自分の欲求を満たすことにとらわれてルールから逸脱する行動をとった場合には罰が与えられるため，彼らは罰を受けて自分の身が危険にさらされることへの恐怖からルールを守っていた。

　人類が類人猿とは異なる高度な道徳性を進化，発達させることにつながっ

た形質としては，より高度な視点取得，ルールの内面化，羞恥心，言語によるコミュニケーションなどが挙げられる。特に，自分が相手からどのように見えているかに気付く第2者的視点を獲得した者は，何かをしてほしいときにより効果的に相手に訴えられるようになった。そして，伝説や神話，宗教を語ることでルールを絶対的に守るべき「善」とし，それを信奉する多数の人々に集団への強い帰属意識を抱かせ，集団のルールを「道徳」として内面化させることで直接面識のない多数の人々が協調性のある行動をとることが可能になった。その反面，他者は自集団に属する「私たち」と外集団の「彼ら」とに区別され，外集団の「彼ら」を自分たちの敵と見なしたり，自集団のルールに従わない者を集団から追放したりするようになった。

　その後，科学革命と啓蒙思想が発展した時代に，自集団の他者から区別され，独自性をもつ存在として自己を捉える第3者的視点を社会の多くの人々が獲得するようになると，より広い社会集団の価値観や規範が内面化されるようになった。それに伴って，集団に溶け込む協調性以上に，より広い社会集団の中で個性を発揮して成果をあげ，目標を達成することで成長し，自尊感情を高めることが「道徳」として重視されるようになった。その反面，自立した個人の規範としての「道徳」が過度に強調されたことで母親や高齢者，障害者など他者に依存せざるをえない多くの人々が自己責任の「道徳」により排除されてきた。

　現在は20世紀後半以降のポストモダニズムとグローバリズムの進展により，第3者的視点そのものを内省し，批判できる第4者的視点を獲得した人々が増えつつある。それに伴い，自分が生まれ育った社会集団の規範を相対化し，他のさまざまな社会集団の規範との関係から「道徳」の全体像を捉えようとする動きが始まっている。さらに，共通祖先の道徳性の萌芽に起源をもつ生物学的で生来的な道徳感情と社会の歴史的発展過程で形成された理性的な道徳判断の両方を包含する視点でグローバル社会における道徳的対立を克服しながら自己実現を図ることができる可能性が示唆されている。

　以上のような道徳の進化は，個人の発達においても同様の道筋をたどるが，前の段階から次の段階へと移行するのではなく，前の段階を含み込みな

がら次の段階が現れる入れ子構造となっている。そのため環境や状況によっては以前の段階の道徳が社会において一時的に表面化することも起こりうる。

参考文献

クリストファー・ボーム（斉藤隆央訳）（2014）『モラルの起源』白揚社。

ジョシュア・グリーン（竹田円訳）（2015）『モラル・トライブズ』岩波書店。

スザンヌ・クック＝グロイター（門林奨訳）（2018）「自我の発達：包容力を増してゆく9つの段階」『トランスパーソナル研究』15, pp.57-96。

ユヴァル・ノア・ハラリ（柴田裕之訳）（2016）『サピエンス全史』河出書房新社。

（吉田　誠）

Q2 宗教と道徳の関係について説明しなさい

1. はじめに

　私たちが生きている社会において「宗教」は，その現象の多様性ゆえに，宗教現象を科学的あるいは歴史的に研究する宗教学の世界においても，厳密な概念を提示するには至っていない。それは宗教が非合理的性格を有していると同時に，その宗教を信仰している人が，自身の信仰する宗教のみを「真の宗教」と考えているためでもある。

　日本では，「宗教」を経済や政治，法律，科学技術，社会生活などと別ものであると考えている人も多い。しかしながら，日本以外のたいていの国では，経済や政治，法律，科学技術，社会生活などと関係するものが「宗教」なのであり，社会にとって重要な位置を占めているのである（橋爪，2013）。例えば，ユダヤ教の律法（法律）を例にとってみよう。旧約聖書の『申命記』に「食物規制」があり，清いものは食べてもよいが，穢れたものは食べてはならないことが神によって決められている。すなわち，人間の社会生活としての「食」に対して一定の規制が示されているのであって，ユダヤ教を信奉する人たちは，この律法に基づいて，イノシシ（ブタ），ひれやうろこのない魚などを食さない社会生活を送ることとなる。

　ここではまず，そもそも「宗教」とはどのようなものであるのか，ということについて語源的考察をもとに考えてみる。そのうえで，宗教と道徳の関係がどのようなものであるのかについて考察していくことにしよう。

2.「宗教（religion）」の語源的考察と原理

　〈religion〉という言葉の語源としては，次の2つの説を考えることができる。一方は，マルクス・トゥッリウス・キケロ（M. T. Cicero, BC106-43）にさかのぼり，神々への信仰に関係する様々な問題を注意深く検討すること，いわばその都度〈羅relego／羅relegere〉（読みなおす／選びなおす）こと

を行っていくことに求める説である。他方は，ルキウス・カエキリウス・フィルミアヌス・ラクタンティウス（L. C. F. Lactantius, AD240頃-320頃）にさかのぼり，〈羅religo／羅religare〉（結び付ける）に求める説である。

　キケロは「超越的実在（神）」への信仰の仕方の吟味に力点を置いている。例えば，ローマ人は祭祀において，誰が何をしたかを書きとめ，様々な祭祀に対して，もし異議を唱える者が現れた場合に備え，祭祀の妥当性を担保することに努めていたことからもわかるように，神に対する信仰の仕方を自分たちで，まさしく〈羅relego／羅relegere〉（読みなおす／選びなおす）ことを行っていたのである。一方で，ラクタンティウスは私たちが信仰している（結び付いている）「超越的実在（神）」について知ることに力点を置いている。これはラクタンティウスの生きた社会において，自己と自己でないものとの「結び付き」を問い尋ねる信仰形式が重要であったことが影響している。すなわち，信仰が人間に向けられるようになり，その人間と神が直接的に関係付けられることにより，祭祀の妥当性よりも，神と自分をどのように〈羅religo／羅religare〉（結び付ける）かが重要となるのである。

　キケロとラクタンティウスはいずれも神と人間の絶対的関係としての「神関係」を問題としているのであるが，人間の信仰の対象は，自然や事物，人間，あるいはそれを象徴化したものに及ぶこともある。

　これら2つの説のどちらを採用するかという問題については決着がついていないが，「宗教」は語源的に「超越的実在者を信ずる信念」や「超自然的なものの存在への信仰」に由来とするということは理解されるわけであって，これは「宗教」の実在論的定義であると言える。

　次に宗教の原理について考えてみよう。

　すでにドイツのプロテスタント神学者であるティリッヒ（Tillich, Paul Johannes：1886-1965）が，哲学と宗教の関係について，「哲学と宗教とは，所有と非所有，問うことと答えることの中に立っている」（量，2000，p.9）と述べていることは示唆的である。ティリッヒの考えによれば，哲学は真理探究の途上であるが，宗教はすでに真理を所有していると主張するのであって，この所有している真理によって答えることが宗教の本質であると言え

る。

　すでに述べた宗教の実在論的定義と宗教の本質から考えると，宗教の原理とは，神関係において与えられた真理を「信仰すること」，すなわち「信」であると考えることができよう。この原理は，哲学や科学，道徳の原理がそれらの位相は異なっても，「真理を追求していくこと（問い続けていくこと）」，すなわち「知」であるのに対して対照的である。

3．宗教と道徳の関係

　さて，では原理が「信」である宗教と原理が「知」である道徳とはいかなる関係にあるのであろうか。

　学校教育に目を向ければ，「特別の教科　道徳」（以下，道徳科）が行われているが，例えば，学校教育法施行規則において，私立の小中学校の教育課程を編成する場合は，「宗教」をもって「道徳科」に代えることができるとされる。

　道徳科は「よりよく生きるための基盤となる道徳性を養うため，道徳的諸価値についての理解を基に，自己を見つめ，物事を多面的・多角的に考え，自己の生き方についての考えを深める学習を通して，道徳的な判断力，心情，実践意欲と態度を育てる」ことが目指されているわけであるが，この「道徳的諸価値」は道徳科においては4つの視点に整理され，内容項目として示されている。

　一方で，宗教においては，道徳科のような視点や内容項目は示されていない。しかしながら，例えばキリスト教を例にとれば，新約聖書の『ヨハネによる福音書』第15章13節に「友のために自分の命を捨てること，これ以上に大きな愛はない」とあるように，キリスト教においては「自己犠牲」が愛であることが示されている。これはイエスの言葉によって伝えられ，キリスト教の信者はそれを信じ，1つの価値として理解し，自身の生き方を自分自身あるいは他者との相互関係のなかで深めていくことが可能となる。すなわち，「信」によって，1つの「知」としての「自己犠牲」は人間がよりよく生きていくための道徳的価値となるのである。宗教はすでに真理を所有して

いるがゆえに，「知」としての道徳的価値も所有しているのである。

　道徳は人間全体がよりよく生きていくうえでの「知」を広範に示し，人間が自らの生き方を追求していくことに寄与する。これに対して宗教は，その宗教派に限定されてはいるものの，人間にとって必要な「知」をすでに所有しており，それを信じることにより自らの生き方を追求していくのである。すなわち，「知」という面で，「道徳」と「宗教」は共通する関係なのである。

　このように道徳と宗教は実のところ「知」という面で関係をもつが，ドイツの哲学者ニーチェ（Nietzsche, F. W.）の「神は死んだ」に象徴されるように「観念としての神」は終焉を迎え，西洋におけるこれまでの（伝統的な）真理と価値の基盤であったキリスト教は崩壊するに至った。宗教のこのような状況に対して，私たちは宗教と道徳の関係について再考していく必要性に迫られているように思うが，どうであろうか。

参考文献

量義治（2000〔初版1996〕）『改訂版　宗教の哲学』放送大学教育振興会。

橋爪大三郎（2013）『世界は宗教で動いてる』光文社。

日本聖書協会訳（1992）『聖書　口語訳』日本聖書協会。

小口偉一（1978）「宗教」細谷俊夫ほか責任編集『教育学大事典　3』第一法規，pp.300-301。

（都田修兵）

Q3 倫理と道徳は教育とどのように関係するか。倫理学の知見に言及して説明しなさい

1．倫理と道徳を語源から考える

「善い生き方はどのようなものであり，善い行いはどのようなものか」。これは多くの人が人生のなかで出会う問いであり，教育，特に道徳教育が取り組む問いである。この問いは，倫理や道徳の語とともに探究されてきた。

まずは，倫理と道徳の語源を探る。倫理（ethic, ethics）も道徳（moral）もともに，人として守るべき規範や尊重すべき価値を意味する。明治期に西洋の書籍が翻訳された際，中国の古典に依拠しながら与えられた訳語が「倫理」と「道徳」であった。倫理と道徳の語源であるethic, ethicsとmoralは互いに関連している。英語のethicsの語源は，ギリシャ語のethikaであり，その由来は性格や人となりを意味するギリシャ語のēthosである。ēthosのラテン語訳がmosであり，これはラテン語のmoralitasの語源である。moralitasは，英語のmoralityの語源である。

倫理と道徳の語は，状況に応じて使い分けられている。例えば，我が国の学校教育では，児童生徒が規範や価値を学ぶ領域は「道徳教育」と呼ばれる。一方で，倫理の語は高等学校の公民科の一科目として用いられている。規範や価値を論じる学問分野は，倫理学（ethics）や道徳哲学（moral philosophy）と呼ばれてきた。より一般的には倫理学の語が用いられるが，哲学の一分野であることを強調するときは，道徳哲学と呼ばれることもある。このように倫理と道徳の語は使い分けられることもあるが，どちらも守るべき規範や尊ぶべき価値と関連するという点は共通である。

では，規範や価値は，どのように論じられてきたのか。この問いに答えるにあたり，手がかりとなるのが，倫理学とよばれる学問の分野である。

2．規範倫理学の理論群―義務論・功利主義・徳倫理―

　ある規範や価値を含む問題について，「～すべきである／ない」という規範的な回答を与える理論は倫理学の中でも特に規範倫理学（normative ethics）と呼ばれる。規範倫理学はさらに，立場の違いによって，義務論（deontology），功利主義（utilitarianism），徳倫理（virtue ethics）に分けられる。

　義務論は，普遍的な規則を重んじる立場である。例えば，「自分が他の人からしてほしくないことは，他の人にもしてはいけない」や「嘘はついてはいけない」といった規則の規範的な性質が重視される。義務論として有名なのは，イマニュエル・カント（I. Kant）の学説である。カントは，普遍的な規則に自由意志で従うことが，自律的な主体の形成につながることを示し，近代的な主体像を明らかにした。

　これに対して功利主義は，「最大多数の最大幸福」を実現することをよしとする立場である。最も多くの人々に対して，その幸福を最も大きくする規則や行為を重視する。社会政策の目的を導く学説としても注目されてきた。功利主義は，ジェレミー・ベンサム（J. Bentham）によって提唱され，ジョン・スチュアート・ミル（J. S. Mill）らによって洗練されてきた。

　義務論や功利主義が規則や行為に着目するのに対して，習慣形成や徳といった人の生き方に着目する立場が徳倫理である。徳倫理は，人間性を十全に発揮する（human flourishing）有徳な人物（virtuous person）であることを重視する。徳倫理の起源は古代ギリシャのアリストテレスに遡ることができる。その後，研究が再び盛んになったのは，20世紀の半ばであり，エリザベス・アンスコム（E. Anscombe）らの問題提起をきっかけとしていた。

3．メタ倫理学の理論群―「道徳の中心問題」から徳の探究へ―

　上述のように規範倫理学は，規則や行為，生き方について回答を与えようとする規範的な性質をもつ。だが，「～が善い，悪い」といった判断や，「～すべき」といった道徳上の判断を下すことで私たちは何をしているのだろう

か。規範倫理学の学説は，そもそもどのような事柄を問題としているのか，それぞれの学説にはどのような特徴があるのかといった事柄を，一歩引いた視点から整理し提示するのがメタ倫理学（meta ethics）である。

メタ倫理学は，道徳上の判断の特性とその根拠を主題とする。「〜が善い，悪い」といった道徳上の判断を下すには，判断の根拠となる事実が必要ではないか。事実の認知に基づくのなら，その判断は客観的と言えそうである。この立場は，認知主義／道徳的実在論と呼ばれる。

認知主義／道徳的実在論を厳密に捉えると，通常の事実に関する判断と同様，道徳上の判断も真偽が問えなくてはならない。だが，道徳上の判断は必ずしも真偽が問えるわけではない。例えば，進行性の難病患者の治療停止の是非を一意的に判断することは難しい。そこで認知主義／道徳的実在論とは異なる見解として位置付けられるのが，非認知主義／道徳的反実在論である。非認知主義／道徳的反実在論は，賛成・反対といった態度の表明や感情の表出が道徳上の判断だという立場をとる。ここでは，態度や感情は行為につながるため，道徳上の判断は，行為を導く実践的なものとして捉えられる。

こうした議論の整理の中で，道徳上の判断の客観性（認知主義／道徳的実在論の立場）と実践性（非認知主義／道徳的反実在論の立場）がもたらす葛藤は「道徳の中心問題」と呼ばれてきた。道徳上の判断の特性を論じる際に行き着いてしまう「道徳の中心問題」を解消するのは困難とされてきた。しかし近年，「道徳の中心問題」に巻き込まれない学説が出されている。道徳的実在論をとりながら，行為の理由は，行為者の動機となっているとした見解であり，ジョン・マクダウェル（J. McDowell）が考案した。マクダウェルは，徳のある人と徳のない人とを想定する。ある道徳的な事実に直面したとき，徳のある人にとって，その事実を知ることは，行為の理由を知ることであり，道徳的に動機づけられる。これに対して，徳のない人は，同じ道徳的な事実に直面しても行為の理由を知ることはないし，道徳的に動機づけられもしない。マクダウェルはこのようにして，徳の有無という視点を導入し，徳のある人の判断を徳のない人の判断と比べながら論じることで，「道徳の中心問題」を回避することに成功した。

4．倫理・道徳・教育―道徳教育の再検討と教育の倫理的特性―

　これまでに論じた倫理学の知見は，道徳教育を再検討するための視点を与えてくれる。義務論が論じるように，規則を守り行為することは，児童生徒が日々直面する課題だろう。功利主義が提示する「最大多数の最大幸福」は，学級や学校をよりよい学びの場とするための手がかりとなるだろう。あるいは，児童生徒が「自分がいかに生きるべきか」という問いを考えるとき，徳倫理が助けとなりうる。メタ倫理学の知見が明らかにしたように，道徳的な事実を認知し，道徳的に動機づけられて行為するには，そもそも徳が必要だという視点も重要である。徳はいかに習得できるのか，という問いは道徳教育を構想し，実施するうえで欠かせないものとなるだろう。

　もっとも視野を教育全体に広げれば，教育はそれ自体が，倫理を問われる営みである。完全には理解しえず，届きえぬ他者としての子どもと関係を取り結び，なされる営みが教育だからである。そうであれば，容易には語りがたい教育をめぐる倫理上の課題を，それにもかかわらず主題として検討することが必要となる。例えば，普遍的な人間形成という理念を，個別・具体的な状況の中で実現する術を示すこと，他者としての子どもの内面という認識枠組みの特性を明らかにすること。こうした教育の倫理上の特性を解明する研究が現在，活発に行われている。

参考文献

赤林朗・児玉聡編（2018）『入門・倫理学』勁草書房。

杉田浩崇（2017）『子どもの〈内面〉とは何か――言語ゲームから見た他者理解とコミュニケーション』春風社。

丸山恭司（2001）「教育・他者・超越――語りえぬものを伝えることをめぐって」『教育哲学研究』84，pp.38-53。

山口裕毅（2012）「徳倫理学の再興序説としてのアンスコム行為論――多元的社会における教育哲学への示唆」『教育哲学研究』105，pp.128-149。　　　　　　　　　　　　　　　　　　　（山口裕毅）

Q4 法と道徳は時に一致し，時に矛盾する。両者の関係について論じなさい

1．法を守るか，道徳心に従うか

　学習指導要領には道徳科の内容項目の1つとして遵法精神が挙げられている。確かに，法を守ろうとすることそれ自体が道徳にかなう態度であろう。人々が法を守らず自己都合で行動してしまえば，社会の秩序が乱れることになる。しかし，道徳心に従うことが法を破ることになる場合もある。危篤患者を乗せたタクシー運転手は病院まで法定速度を超えて運転するかもしれない。一方，「悪法も法なり」と言われるように，正式な手続きによって改正されるまでは，「悪法」と認識していても従うべきとの考えもある。

　このように，法と道徳はお互いに重なり合いながらも異なるものと認識され，両者に齟齬がある場合，どちらを優先すべきなのかをめぐり議論となる。法と道徳はどのように異なり，どのような関係にあるのだろうか。この関係をめぐり何に留意すべきか。

2．法の定義，道徳の定義

　法と道徳の共通点と相違点を，まずは辞書の定義から確認しよう。

　『広辞苑』（第六版）では，「法」は次のように定義されている。

　「社会秩序維持のための規範で，一般に国家権力による強制を伴うもの。」

　これに対し，「道徳」は次のように定義されている。

　「人のふみ行うべき道。ある社会で，その成員の社会に対する，あるいは成員相互間の行為の善悪を判断する基準として，一般に承認されている規範の総体。法律のような外面的強制力を伴うものでなく，個人の内面的な原理。」

　以上の定義から，まずは法も道徳も社会規範である点で共通する一方，法は外面的強制力を伴い，道徳は個人の内面的な原理である点で相違すると概

ね理解することができる。

3．法と道徳の関係

　法と道徳は，上記の定義的特徴を基盤としつつも，これを超えてさらに複雑な関係にある。関係性を３つのレベルに分けて整理してみよう。

　まず，遵法精神が道徳科の一項目となっていたように，「公的に取り決められた規則であるがゆえに法は守られねばならいない」と道徳が指示するレベルがある。この「遵法＝道徳」の関係レベルにおいては，法の規定する内容が道徳的であるかどうかは問われない。

　関係性の２つ目のレベルにあるのが内容の連動関係である。このレベルの関係の在り方は次の３つのパターンに分けることができる。すなわち，①法と道徳が内容として連動しているケース，②法の規定内容が道徳と連動していないケース，③道徳内容が法と連動していないケースの３パターンである。①の連動ケースとして，例えば殺人が挙げられる。殺人を犯せば法によって罰せられ，道徳的にも責めを負う罰の重さも非道さに応じて変わる。②の法の非連動ケースとしては，道路交通法の通行区分規定が挙げられる。車両が道路の左側部分を通行しなくてはならないという法規定は道徳と連動していない。違反すれば罰が与えられ，加えて，遵法道徳のレベルにおいては違反に対する道徳的呵責を感じるかもしれないが，規定内容自体は道徳とは関係ない。③の道徳の非連動ケースとしては，親孝行や自己研鑽といった徳目，「情けは人のためならず」や「人の振り見て我が振り直せ」等の格言が挙げられる。これらは道徳指針としては有効であっても，その曖昧さや過度の統制への懸念から，法規定に馴染まないものとされがちである。

　関係性の３つ目のレベルにあるのが制裁の補完関係である。法的責任と道義的責任とが区別されるように，その違反に対しては，法と道徳がそれぞれの仕方で制裁を科す。例えば，薬物違反を犯した芸能人は一般人と変わらず法律に基づいて処罰されるとともに，マスコミやSNS上で非難され，仕事の依頼がなくなるという社会的制裁を強く受けがちである。この制裁の補完関係は，内容の連動関係の程度に応じて，様々な形で現れる。法的制裁が十

分ではないと感じられた場合，道徳的制裁を強化しようとする動きが働く。コロナ禍の「自粛警察」やSNS上の誹謗中傷は道徳的制裁を動機としたものだとも言える。一方，違反内容が道徳的に問題のないものと思われれば道徳的制裁はほとんど科されないし，法的制裁が厳し過ぎると感じられる場合には，むしろ擁護や共感の声が上がることになる。

4．法と道徳の関係をめぐる論点：秩序と自由と暴力の間

　法と道徳がどのように，またどの程度連動し補完し合う関係にあるかは，どのような組織体制の下で法が実行されているのかに依存する。親不孝や姦淫を処罰の対象とするのかどうか，人種差別を合法化するのかどうか等はその社会が背景にもつ親子観や婚姻観，人種観に左右される。

　さらに，不道徳は社会の秩序を乱すがゆえに法によって規制されるべきとする法的モラリズムと，法規制は他者に危害を加えるときにのみ実施されるべきとするリベラリズムのどちらの立場を採るかによって，法と道徳の連動と補完の程度が変わってくる。法的モラリズムの立場を採れば，内容として法と道徳は重なり，法的制裁が道徳的制裁も兼ねうることになる。一方，リベラリズムの立場を採れば，国家等の公的権力が法の名の下に個人の自由を規制することのないよう注視し，法的制裁と道徳的制裁を別物とみなすことになる。法的モラリズムを採れば法の根拠は道徳に求められることになり（自然法論），道徳から乖離した法はもはや守る必要がない。一方，法と道徳を峻別する立場（法実証主義）を採れば，正式な手続きを経て法改正するまでは悪法であっても守り続けるか，道徳に従って法を破りつつ法的制裁を受け容れなくてはならないことになる。

　法的モラリズムは，全体主義を擁護する考えにも，また，法整備によって社会的弱者の人権を保障しようとする立場にもなりうる。一方のリベラリズムは，全体主義に対抗する指針にも，また，社会的格差を広げる考え方にもなりうる。私たちに重要なのは，法と道徳の関係を見通し，それらの強制力がもつ暴力性を自覚し，行き過ぎた制御とならないように留意することであろう。法と道徳にどのような関係性をもたせるかは，私たちがどのような法

治体制を望ましいと考えるのかに依存しているのである。

参考文献

田中成明（2015）『法学入門［新版］』有斐閣。

新村出編（2008）『広辞苑（第六版）』岩波書店。

H. L. A. ハート（矢崎光圀訳）（1976）『法の概念』みすず書房。

守中高明（2005）『法』岩波書店。

文部科学省（2018）『小学校学習指導要領（平成29年告示)』東洋館出版
　　　　社。

文部科学省（2018）『中学校学習指導要領（平成29年告示)』東山書房。

文部科学省（2018）『小学校学習指導要領（平成29年告示）解説　特別の
　　　　教科　道徳編』廣済堂あかつき。

文部科学省（2018）『中学校学習指導要領（平成29年告示）解説　特別の
　　　　教科　道徳編』教育出版。

（丸山恭司）

Q5 市民性としての道徳について説明しなさい

1. 政治と道徳のつながり

　政治という言葉から何を連想できるだろうか。例えば、法案の審議がおこなわれている国会の様子、人種差別に反対するデモなどを思い浮かべることができる。一方、道徳はどうだろうか。おそらく、学校の道徳授業を思い浮かべる人が多いのではないだろうか。授業では誠実さや思いやり、遵法精神などの大切さについて学習する。このような経験を踏まえると、道徳とは社会規範のようなものであり、人と人が社会で生きていくうえで欠かせない態度や振る舞いであると言えよう。

　このように整理すると、政治と道徳は一見かけ離れているようにみえる。国会の審議はときに野次の応酬になり、デモはときに過激化して法から逸脱することもある。そこにもはや道徳は存在せず、感情に支配された人間の姿が垣間見える。闘争や敵対を否定しない政治、秩序や調和を重んじる道徳、両者は水と油のようである。

　しかし、政治思想史を振り返ると、政治と道徳は密接なつながりをもっている。例えばプラトンは『国家』において、国家が3つの階級（統治者階級、防衛者階級、生産者階級）から構成されており、それぞれの階級が己の徳を目指すことによって善い国家が実現すると考えた。3つの階級のなかでも、統治者階級である市民は国家を善き方向へと導かなければならないため、とりわけ優れた徳を身に付けるべきだとされた。

　こうした発想は現代の政治哲学においても引き継がれている。例えば、ハーバーマスを起源とする熟議民主主義（deliberative democracy）は理性的な話し合いを通じて合意を創出することが目的である。このような話し合いを成立させるためには、他者への寛容さや誠実さ、理由をはっきりと示す態度が求められる。以上を踏まえると、政治と道徳の接点、それは市民性（citizenship）にあると言えよう。

2．クリックのシティズンシップ教育論

　シティズンシップ教育（citizenship education）とは市民性の育成を目的とした教育である。そもそもシティズンシップとは，ある共同体における地位あるいは身分であり，共同体のメンバー，すなわち市民として保障される権利を具現化したものであった。しかし，現在は民主主義社会の形成を担う1人の市民として備えるべき知識や態度，技能などを意味することが一般的である。

　『クリック・レポート』の名で知られ，イギリスのシティズンシップ教育政策にも携わったバーナード・クリックによると，シティズンシップ教育の目的は共通善のために権利を行使し，義務を果たす能動的かつ参加的な市民の育成である。そして，このような市民は「知識・技能・態度」の3つから構成される政治的リテラシーを備えている。

　クリックによると，知識とは政治的な論争の争点に関する様々な情報である。具体的には論争に関わっている人々の利害関心や対立点，論争解決までの見通しや政策の施行がもたらす影響などである。続いて，技能は他者とのコミュニケーションに関わる。政治的リテラシーを身に付けた市民は理性的な対話に長けており，他者の様々な意見について寛容である。ただし，寛容といってもあらゆる意見を無批判に認めるのではなく，複数の意見を調整し，合理的な判断を導く。態度は「自由」，「寛容」，「公正」，「誠実さ」，「理性」という5つの価値から構成される。

　クリックに基づくならば，政治とは論争的な問題における様々な意見を調整し，共通善を実現しようとする営みとして理解される。そして，このような営みは他者との対話によって支えられる。シティズンシップ教育が目指すのは理性，寛容さ，そして誠実さを備えた市民の育成である。

　こうしたクリックの考え方は広く共有され，近年，道徳教育をシティズンシップ教育として捉えるべきだという議論もある。しかしながら，クリックの考え方には課題もある。最後に，教育哲学者ガート・ビースタの議論を参照し，この点について検討したい。

3．シティズンシップの教授からシティズンシップの学習へ

　ビースタはクリックをはじめとするシティズンシップ教育論について，それが学習者を既存の社会へと適応させようとする「シティズンシップの教授」に陥っていると批判する。シティズンシップの教授とは良き市民像を想定し，個人をそれに適応させようとする教育を意味する。言い換えれば，それは未だ市民ならざる学習者に良き市民の道徳を教えることである。

　なぜビースタはシティズンシップの教授を批判するのだろうか。それは，あるべき市民像が，それに適合しない者を道徳的に劣った存在としてみなしたり，極端な場合，排除したりしてしまうからである。シティズンシップの教授において学習者は良き市民としての道徳を身に付けていないとみなされる。つまり，未成熟な市民としての子どもは，良き市民の道徳を受容する受け皿として位置付けられてしまう。ビースタの批判は，市民性としての道徳が，それを受け入れる者とそうでない者とのあいだに「われわれ」と「彼ら」という境界線を引くとともに，後者を未成熟な市民とみなしてしまうことに向けられている。

　ビースタの考えでは，シティズンシップは良き市民としての条件に適応するのではなく，まさに今，現在において進行する民主主義のプロジェクトに参加するなかで育成される。こうしたプロセスにおいては所与の良き市民の道徳を拒否したり，異議申し立てしたりする市民も現れうる。ビースタはこのような市民を「無知な市民（ignored citizen）」と呼び，民主主義社会に新たな変容をもたらす存在としてその重要性を強調している。

　ビースタの議論を整理しよう。市民性は，民主主義社会を担う市民の道徳を示唆すると同時に，同時に良き市民の鋳型をつくりだす。あるべき市民像の自明視は，それに適合しない未知なる者や，良き市民としての道徳それ自体を疑問に付す者を，未成熟な市民として排除してしまう。ビースタの議論を踏まえるならば，道徳教育は良き市民の育成に終始すべきではない。もちろん，教育である以上，あるべき市民の道徳は想定せざるを得ない。ただし，こうした道徳は未知なる子どもとの出会いを通じて，不断に問い直され

ていくべきであろう。

参考文献

バーナード・クリック（関口正司監訳）（2011）『シティズンシップ教育論』
　　法政大学出版局。
ガート・ビースタ（上野正道・藤井佳世・中村〔新井〕清二訳）（2014）『民
　　主主義を学習する』勁草書房。
プラトン（藤沢令夫訳）（1979）『国家（上）（下）』岩波書店。
田村哲樹（2008）『熟議の理由』勁草書房。

（山中　翔）

Q6 道徳は経済の影響をどのように受けるかを論じなさい

1．この問いの趣旨

　本章の最後の話題は「経済」である。少なからざる読者が，経済が強くもっている「カネ」のイメージに影響されて，道徳の立場から経済を疑問視したり，場合によっては敵視することさえあるのではないだろうか。こうした色眼鏡をできるだけ外して，道徳と経済の関係を入念に検討してみよう。

2．基礎概念の確認

　読者はすでに「実態としての経済」の中に生きている。そして，大学ではこれまでに，教養課程科目などを通して，「経済学」にも少なからず触れてきているだろう。『広辞苑（第六版）』に「経済」の語義を求めると，「人間の共同生活の基礎をなす財・サービスの生産・分配・消費の行為・過程，ならびにそれを通じて形成される人と人との社会関係の総体。転じて，金銭のやりくり。」とある。経済学をもち出す前に，社会に通用している概念として経済を捉えると，経済とは，人間の行為であり，その過程でもあり，行為者間関係でもあり，それらの総称でもあると言う。また，金銭的なものとのつながりが大きくも見えはするものの，それは「転じて」のことであり，金銭が経済のすべてではないし，説明の起点でさえない。英語の"economy"に「経」「済」という漢字を充てた福沢諭吉は，中国古典の「経世済民」（世を経め民を苦しみから済うべきこと）と"economy"が同根であることに着目した。自由放任を主張したアダム・スミス（A.Smith）も，財政・金融政策のジョン・メイナード・ケインズ（J.M.Keynes）も，社会主義・労働運動のカール・マルクス（K.Marx）も，経済と道徳の合一主義の渋沢栄一も，その底流にある考えはそれほど大きく変わらない。目的やプロセス，そして最終到達点としての「経済」は，人間社会をうまく「おさめる（govern）」ためのア

プローチなのである。

　説明の中に経済学者の名前も並んだので，今度は学問としての経済学に軸足を移そう。経済学者たちの声からも汲めるとおり，経済学もまた，「社会がうまくいっている状態」を目指して誕生した。このことは重要である。経済学は間口も広く奥行きも深いので，本節での議論の拠りどころとしたい，経済学の伝統的な基本原則の1つを先に押さえておこう。それは，経済学では「効率性」と「公平性」の両方を同じように追求していくという，経済学の揺らがぬ精神に由来する基本原則である。

　このうちの「公平性」は道徳の基本価値項目にある「平等」「公平」「公正」とほぼそのまま重なるが，「効率性」は道徳の主眼とは言い難い。経済学が目指す効率性の原点は，これ以上の効率向上が望めない状態まで効率を突き詰めること（パレート最適）である。それでも経済学が道徳的と言えるのは，効率を求めつつも公平を犠牲にはしないと宣言しているからである。経済学における「公平性」は「効率性」を牽制する概念なのであり，経済の内部にこうした牽制システムをもっていたことが，福沢をして"economy"の日本語訳語に「経世済民」を想起せしめた所以なのであろう。

3．問いに対する「ひとまずの」回答

　結論を先取りすれば，道徳は経済の影響を受ける場面がある。それは，公平性と効率性を同じように求めているはずの経済が，公平性よりも効率性を優先して求めてしまう場面においてであり，そのときには平等や公正という道徳的価値が後退を強いられる。

　経済も道徳も「人間社会がうまくいく」ことを目指して構想されている点で目標を同じくしている。経済は効率性を重視するが，それのみを求めて富をどこかに一極集中させようとも，富の多寡がもたらす経済格差も許容しようともしていない。しかし，「人間社会がうまくいく」という最終目標に向かう過程において，効率性に比して公平性への志向が弱くなれば直ちに，社会の随所に弱者の痛みが生じるという現実があり，徹頭徹尾「公平」というわけにはいき難い。ここで敢えて「弱者」と書いたのは，人間や家庭や企業

という個としての経済主体には，その活動効率の度合いにどうしても差が生じていき，生じた差は，大抵は縮まらずに広がろうとするからである。差を押し広げようとする抗い難い経済の力によって，低効率を「余儀なくされている」という点で，その個はやはり「弱者」と言えるだろう。

いずれにしても，経済社会には低効率な個と高効率な個が混在している。このとき高効率の個の立場では，他の個が低効率であっても，そこには目を向けずに，高効率である自らを後押ししてもらいたい。そのほうが，自らの産出や所得は大きくなるからである。その一方で，あらゆる不公平に目を光らせ，低効率な個にも着目し，そこにも社会が積極的に寄り添おうとすると，結果的に社会全体が効率的でなくなることがある。例えば，貧しい人に優しくしたいという一意で豊かな人の所得税率を上げた結果，企業や高所得者の意欲が削がれ，社会全体の効率が低下し，結果的にGDPが減少するというときである。このような現実も生じる以上，道徳的には正しいこと，善いこと，美しいことだとわかっていても，敢えてそれをしないほうが，社会全体が効率的になることへの理解も必要になる。

このように「効率」と「公平」がときにトレードオフになる状況があることを，経済ならびに経済学は想定しているし，受容もしている。一方で，道徳には，状況によらず決して損なわれることのない「正義」や「公正」への期待がある。しかし，そのような期待とは裏腹に，高効率なプレイヤーが「全体効率」を盾に，低効率なプレイヤーに対して暴力的になっていくことがある。このとき，道徳は経済によって少なからず損なわれている。

4．「ひとまずの」回答に残る不十分さ

経済における効率と公平の二律背反がある限り，上記の答えは決して誤ってはいない。しかし，「社会がうまくいく状態」を目指して生まれた経済学の懐はそんなに浅くないはずだ，とも思いたい。効率と公平は簡単には折り合わないが，最終的には折り合うはずであり，人間の叡智を集めて折り合わせるべきだというのが，古今東西の経済学者たちの主張だったではないか。

ここで改めて考察してみると，効率と公平を折り合わせるための重要な条

件の1つは，「道徳性の高い経済主体が社会の中で多数を占めている」ことであろう。そして，道徳は経済を効率的かつ公平に「おさめる」ための前提であることが改めて見えてくる。経済にとって道徳がその生命線であることは，経済学研究者や実業家の名著の多くが明示しているとおりである。

本節の最初の問いは「道徳は経済の影響をどのように受けるか」であったが，その経済が先に道徳の影響を受けていることも示唆された。道徳と経済はお互いに影響し合うとしても，道徳の前提に経済があると，現段階で積極的には考えにくいので，このゲームは「道徳が先攻」だと言えそうである。

以上のことを踏まえて，最後に以下の問いを立ててみた。道徳はその概念上の基本性格にかんがみて，経済や経営とは切り離して考えたほうが豊かに捉え得るものなのか。それとも，あらゆる現実要因を覆い隠したり切り離したりすることなく，多種多様な社会機能あるいは社会価値との関係性を視野に入れて検討してこその道徳なのか。読者にも考えてみてほしい。

参考文献

中村隆之（2018）『はじめての経済思想史——アダム・スミスから現代まで』講談社。

小塩隆士（2012）『効率と公平を問う』日本評論社。

トマ・ピケティ（山形浩生・守岡桜・森本正史訳）（2014）『21世紀の資本』みすず書房。

（竹内伸一）

第**2**章

道徳性発達の基礎理論

Q 1 子どもの道徳的な自律について，ピアジェとピアジェ以降の研究の展開を踏まえて説明しなさい

1．道徳性発達に関するピアジェの実証的研究

　子どもの道徳的な自律についての心理学研究の始点は，認知発達の研究で知られるジャン・ピアジェ（J. Piaget）の研究にある。

（1）規則認識における他律と自律

　スイス出身のピアジェは当地の伝統的な遊びであるマーブル・ゲームに着目し，このゲームの規則に関する子どもの認識を調査した。そして，規則との関わり方と認識が次のように変化していくことを見いだした。

　ピアジェによると，規則との関わり方においては，子どもは最初，規則を理解しないで好き勝手に遊ぶ。次に，規則があることを理解して遊ぼうとするが，認識的な自己中心性（egocentrism）があって規則通りに遊べない。しかし，次第に規則を理解して他の子と一緒に遊べるようになる。最後に，状況に応じて規則を修正しながら遊べるようになる。

　規則認識に関しては，好き勝手に遊ぶ段階では規則認識はなく，あるのは規則的行動の反復のみである。続く規則通りに遊べない時期から規則を理解して遊べる時期では，規則は一方的な尊敬を抱く大人や年長者から与えられた，必ず従うべきものとして認識される。そして，規則を修正して遊ぶ段階では，規則は自他相互の合意に基づき修正可能なものとして認識される。

　ピアジェは以上の変化において，規則を神聖不可侵と認識してそれに従うことを拘束の道徳とも呼び，これを他律とみなした。そして，規則を修正可能なものと認識して行為することを協同の道徳とも呼び，これを自律とみなした。ピアジェは，この意味での自律に向けて，同年齢の他の子どもとの協同が鍵を握ると考えた。他律的である原因は，相手が自分と異なる気持ちや考えをもっていると理解することが難しい自己中心性にあるため，ヨコの関係で他の子と話し合ったり一緒に作業したりすることで，相手の視点に立って物事を考えることを学べると考えたためである。それゆえ，自律を促す道徳教育として，ピアジェは子ども集団における自治を強調した。

（2）意図と結果に関する道徳判断

　他者が自分と異なる気持ちや考えをもっていると理解することが道徳判断に及ぼす影響について，ピアジェは行為の意図と結果に着目した研究も行った。ピアジェは，意図せず物をたくさん壊してしまった子と悪い意図に基づき物を少しだけ壊してしまった子のどちらがより悪いかを質問した。すると，より幼い子どもは重大な結果を生じさせた前者の子の方がより悪いと答えたのに対して，より年長の子どもは悪い意図をもった後者の子をより悪いと答えた。ここからピアジェは，子どもの道徳判断が結果を重視する判断から，意図や動機を理解してそれを重視する判断へと変化していくと考えた。

2．ピアジェ以降の研究の展開

（1）規則はどれも同じか？

　マーブル・ゲームを用いたピアジェの研究に対して，ゲームの規則で道徳的な規則に関わる自律を説明できるのかという疑問がわくかもしれない。エリオット・テュリエル（E. Turiel）は，規則全般の間どころか，道徳的な規則だと一般的に考えられている規則の中にも，質的な違いがあると主張している。それが，道徳（morality）と社会的慣習（social convention）の違いである。

　テュリエルによると，道徳は暴力や手助けなど権利や幸福に関わる行為に関わる領域を意味し，この意味での道徳的行為の善悪は普遍的に規定され

る。これに対して，社会的慣習は挨拶や行儀作法など，社会集団における関係調整のための行為に関わる領域を意味する。社会的慣習に含まれる規則は集団ごとに恣意的に存在しうるため，ある行為が善い（悪い）のはその行為を推奨する（禁じる）規則があるからだという判断が下される。

テュリエルの研究を踏まえると，規則を修正可能であると認識していたら自律していると単純に捉えることはできないだろう。行列への割り込みのように，道徳と社会的慣習の両方の領域に含まれる規則があることも指摘されている。道徳的な問題状況に関わる規則がどういう性質の規則なのかをよく考えて意思決定することも，自律の一部と言えるかもしれない。

（2）子どもは他者の意図を理解できないのか？

ピアジェの研究に従うと，幼い子どもは他者の意図をよく理解できていないことになる。しかし，近年の研究は，実際には早い時期から他者の意図を理解できることを明らかにしている。子どもが道徳判断において他者の意図を理解していないようにみえるのは，認知的な能力が十分に発達しておらず，他者の意図を含む多様な情報をすべて考慮したうえで統合的に判断することが難しいためであるという。乳児は援助と妨害の善悪を区別しているという研究知見も踏まえるなら，子どもはピアジェが考えたほどに道徳的な他律にあるのではなく，また他律と自律の間の境界線も明確には引けないと言えるのだろう。

参考文献

荒木寿友・藤澤文編著（2019）『道徳教育はこうすれば〈もっと〉おもしろい――未来を拓く教育学と心理学のコラボレーション』北大路書房。

長谷川真里（2018）『子どもは善悪をどのように理解するのか？――道徳性発達の探究』ちとせプレス。

Jean Piaget（大伴茂訳）（1954）『臨床児童心理学Ⅲ　児童道徳判断の発達』同文書院。

（小林将太）

Q2　コールバーグの理論を参照して，道徳性はどのように発達すると考えられているか，発達を促す方法も含めて説明しなさい

1．ピアジェからコールバーグへ

　道徳性発達研究は，ピアジェによる道徳判断の研究の後，ローレンス・コールバーグ（L. Kohlberg）の研究によって大きく発展した。現在の研究も，コールバーグ理論への賛否は別としても，多くがその延長線上に位置付いていると言える。コールバーグは，自身の理論に基づいて道徳性発達を促す道徳教育の実践を展開したことでもよく知られている。

　コールバーグが道徳性発達研究において焦点付けたのは公正さとしての正義（justice as fairness）である。ユダヤ系アメリカ人として生まれたコールバーグは，高校卒業後に第二次世界大戦が終結したヨーロッパへ渡り，ホロコーストの惨劇を直視した。こうした経験からコールバーグは帰国後，社会正義に貢献できる職を目指して，道徳性発達研究の道へと進んだ。

　コールバーグは研究において，ピアジェの研究に依拠しながらも，それを批判的に発展させたと言える。ピアジェが明らかにした道徳的な他律と自律の違いは，ピアジェ自身の言う発達段階に当てはめることができないのに対して，コールバーグは道徳性発達にも発達段階があることを主張した。ピアジェの研究は主に児童期までを対象としたが，コールバーグは道徳性発達が青年期や成人期まで続くことを明らかにした。また，ピアジェが着目した規則は必ずしも道徳的な規則ではないが，コールバーグは後述する道徳的ジレンマへの回答を分析することで，道徳性の発達を純粋に解明しようとした。

2．3水準6段階の発達段階理論

　コールバーグは，公正さとしての正義についての私たちの思考の発達を明らかにするために，「ハインツのジレンマ」などの道徳的ジレンマへの回答

を被験者に求めた。「ハインツのジレンマ」は，ハインツが難病の妻を救うために高価で買えない特効薬を薬屋から盗むべきかどうかを問う話である。そこでコールバーグが着目したのは，盗むべきである／盗むべきでないという判断ではなく，なぜそのように判断するのかに関する理由づけ（reasoning）である。コールバーグは，この理由づけの違いに発達段階が存在することを主張した。それが，次に示す3水準6段階の発達段階理論である。

　　水準Ⅰ　前慣習的水準
　　　第1段階　他律的道徳
　　　第2段階　個人主義，道具的目的，および交換
　　水準Ⅱ　慣習的水準
　　　第3段階　相互的で対人的な期待，関係，および対人的な従順
　　　第4段階　社会システムおよび良心
　　水準Ⅲ　脱慣習的水準あるいは原理化された水準
　　　第5段階　社会契約あるいは効用，および個人の諸権利
　　　第6段階　普遍的な倫理的諸原理

　第1段階では他者の視点で考えることが難しく，罰を受けないことなどを正しいと考える。第2段階では，自他の違いを理解するが自他という二者の間での考慮に留まり，自他が満足できることを正しいと考える。これらで前慣習的水準が構成される。

　第3段階では，自分が所属する特定の集団の中で与えられる役割や期待に応えることを正しいと考える。第4段階では社会一般の視点に立って，「もし全員がそうしたら」と考えたり，社会全体で合意された法の順守を正しいと考えたりする。以上で慣習的水準が構成される。

　第5段階では既存の規範や制度を超えた原理的な視点に立って，社会の基本的原理であるべき基本的人権や功利主義，社会契約論などに基づいて正しさを考える。第6段階は第5段階の先に位置付けられる普遍的な道徳原理に従って判断する段階であるが，第6段階は発達の理論的終着点としての意味合いが強く，実際に第6段階まで達する人はほとんどいないとされる。これらの2つの段階で脱慣習的水準あるいは原理化された水準が構成される。

　以上の段階に沿って発達していくには，認知的葛藤（cognitive conflict）と役割取得（role-taking）が必要であると考えられている。「ハインツのジレンマ」について考える第3段階の人を例にとると，愛する妻のために盗むべきだと考えられるが，一方で薬の購入費用をカンパしてくれた友人は盗みを働くことを望んでいないとも考えられる。このように，道徳的問題に対して賛否両方の理由づけができて悩む状態が認知的葛藤である。役割取得は，簡潔に言うと他者の視点に立って考えることを意味する。上記の例では，特定の集団の視点から考えることをこえて，社会一般の視点から薬を盗むべきかどうかを考えることが，第4段階へと発達していくてがかりになる。

3．道徳教育への展開

（1）ジレンマ・ディスカッション（モラルジレンマ授業）

　コールバーグは道徳性発達研究に留まらず，それを生かした道徳教育へと自身の研究を拡大させていった。コールバーグがはじめに着手したのは，ジレンマ・ディスカッションと呼ばれる討論型の授業である。これは，徳目などの道徳的価値の教え込み（indoctrination）を批判して，発達を道徳教育の目的に据えることを提案したものである。荒木紀幸を中心に日本国内で研究と実践が進められてきたモラルジレンマ授業と呼ばれる指導方法は，このジレンマ・ディスカッションをもとに開発されたものである。

　ジレンマ・ディスカッションとモラルジレンマ授業では指導の手順が多少異なるが，おおよそ次のような方法で進められる。まず，「ハインツのジレンマ」のような資料を提示して，葛藤状況に対してどうすべきか，またそれはなぜかを考えさせる。次に，子どもの間での意見の対立や相違について討論を行わせる。教師はその際，認知的葛藤が生じるような問いを提起する。また，子どもの理由づけを見取って，発達段階においてより高い段階に基づく子どもの意見を取り上げたり，あるいは教師自身が新たな意見を出したりすることで，役割取得を促す。授業の最後はオープンエンドとし，討論を踏まえて各自の考えを改めて明確化させる。

　コールバーグは，このような方法を通して子どもの発達が促されることを

明らかにしたが，子どもの実生活上の行為への影響が小さかったことを反省して，新たな道徳教育のアプローチを提唱，実践するに至った。それがジャスト・コミュニティ（Just Community）と呼ばれるアプローチである。

（2）ジャスト・コミュニティ

ジャスト・コミュニティは，「正義ある共同体」という道徳教育としての究極的なゴールをその名に冠したアプローチである。参加民主主義に基づく学校運営を実践の中心に据えて，子どもと教師は学校内の道徳的問題について議論し意思決定していく。この過程を通して，まさに正義とコミュニティが両立するように学校の道徳的風土を発展させることができると，子どもの発達と実生活上の行為の変容の両方が促されていくのである。

このジャスト・コミュニティは実践上の難しさもあり，現在ではアメリカやドイツ語圏などのごく一部の学校で続けられているのみである。しかし，道徳教育における学びの実質化に向けて，日本における全面主義の道徳教育がジャスト・コミュニティから学ぶべきことはなお多いだろう。

参考文献

荒木寿友（2013）『学校における対話とコミュニティの形成——コールバーグのジャスト・コミュニティ実践』三省堂。

荒木紀幸編（2017）『考える道徳を創る——中学校 新モラルジレンマ教材と授業展開』明治図書出版。

Kohlberg, L.（1984）, *Essays on moral development volume II: The psychology of moral development: the nature and validity of moral stages,* Harper & Row.

Power, F. C., Higgins, A., & Kohlberg, L.（1989）, *Lawrence Kohlberg's approach to moral education,* Columbia University Press.

（小林将太）

Q3　向社会的行動とは何か，またそれはどのように発達すると考えられているのか，アイゼンバーグの理論を参照して説明しなさい

1.　向社会的行動とそのモデル

（1）向社会的行動とは？

　ナンシー・アイゼンバーグ（N. Eisenberg）によると，向社会的行動（prosocial behavior）は「他者に利することを意図してなされる自発的行動」と定義される。向社会的行動は，心理学では1970年代頃から研究が進んでいる。そのパイオニアとして知られているのがアイゼンバーグである。

　アイゼンバーグは，向社会的行動と類似する概念との間の違いを明確にしている。利他性（altruism）は「他者に利することを意図してなされる内発的に動機づけられた自発的行動」を意味し，向社会的行動の一部は利他性によって説明できる。一方，他者から報酬や承認を得ることなどの外発的動機に基づく向社会的行動は利他性によって説明することができない。しかし，動機付けを厳密に見分けることは困難であるため，アイゼンバーグは向社会的行動という幅広い現象を研究対象にしてきたという。

　また，アイゼンバーグは向社会的行動とその発達において情動（emotion）が大きな役割を担うと考えている。特に重視されるのは共感（empathy）に関連する感情であり，アイゼンバーグは共感，同情（sympathy），および個人的苦痛（personal distress）を区別している。共感は，他者の感情を理解することから生じる情動反応で，他者の感情と同じかそれに非常に近い反応であると定義される。同情は，共感から生じる情動反応であるが，同情の対象である他者が経験する感情と同じものではない。自分を他者に置き換えて考えるという，より認知的な過程からも引き出される反応で，悲嘆や心配を含むとされる。個人的苦痛は，苦しむ他者を見ている自分の方が辛くなるというような，他者の感情を代理的に経験することで生じる，自己に焦点づけ

た嫌悪反応であるとされる。共感と同情は向社会的行動と強く関連するのに対して，個人的苦痛はその原因である他者から遠ざかるように私たちを動機付けることがあるという。

（2）向社会的行動のモデル

このように向社会的行動と関連する諸概念を整理したうえで，アイゼンバーグは向社会的行動に至る過程やそれに影響を及ぼす要因間の関係についてモデル化を行っている。まず，私たちは他者の困窮状況に遭遇する。そのときの状況解釈，すなわち他者の苦痛などに気付けるかは，発達や共感能力，社交性などの個人的特徴と，私たちが受けてきた社会化経験によって左右されるという。遺伝や血縁などの生物学的要因は，個人的特徴と社会化経験に影響を及ぼすと考えられている。なお，状況解釈やそもそもその状況に注意を向けるかどうかは，そのときの気分などの影響も受けるとされる。

次に，当該状況の解釈は，向社会的行動の同定，言い換えると困窮する他者に対してどのような向社会的行動をとるべきか，そして自分にその行動をとる能力があるかについての認識を導くという。

そして，自分に向社会的行動をとる能力があると認識すると，当該状況における個人的な目標の階層，つまり向社会的行動の優先度に応じて，実際にその行動で手助けするかどうかの意図が決まるという。当該状況における個人的な目標は，もともと有している承認欲求や利他的な自己アイデンティティなどの個人的特徴に基づき，多様に存在する。例えば，社会的承認を重視する人は，自身にとって重要な他者がいる状況では向社会的行動を目標の上位に位置付けるだろう。アイゼンバーグは，向社会的行動への動機付けに関連する状況評価と情動反応として，この「自身にとって重要な他者がいる状況」の他に，他者の苦痛の原因が他者自身にあるのかどうかや，手助けする他者との関係，同情や個人的苦痛などの情動反応を挙げている。これらの諸要因の影響を受けながら，向社会的行動を当該状況の目標として高く位置付けるとき，私たちは向社会的行動をとろうとするという。

最後に，実際に向社会的行動が実行されると，それは将来の向社会的行動に影響を及ぼすことになるという。実際に手助けすることで，向社会的行動

の能力や技能が向上するだけではなく，その人自身の自己概念がより向社会的なものへと発達するためである。また，子どもが向社会的行動をとった場合，その行動は以後の社会化経験にも影響を及ぼすと考えられている。このようにアイゼンバーグは，向社会的行動を1つのサイクルとして捉え，その解明に取り組み続けているのである。

2．向社会的道徳推論の発達

　向社会的道徳推論（prosocial moral reasoning）とは，向社会的道徳ジレンマ（正義や法に関連しない状況において，他者に利するために自己犠牲を受け入れるかどうかの葛藤）に対する判断の理由付けを意味する。アイゼンバーグによると，向社会的道徳推論にはコールバーグの発達段階理論のような階層性が認められ，以下に示すように類似点も多いという。ただし，アイゼンバーグは向社会的道徳推論の発達においても上述した環境や情動の要因を重視しており，階層もピアジェ的な発達段階ではないとして水準の概念を用いている。

　アイゼンバーグが示す水準は次の通りである。
　　　水準1：快楽主義的・自己焦点的指向
　　　水準2：要求に目を向けた指向
　　　水準3：承認および対人的指向，あるいは紋切り型の指向
　　　水準4a：自己反省的な共感的指向
　　　水準4b：移行段階
　　　水準5：強く内面化された指向

　水準1では，返礼の有無や好きな相手かといった点が考慮される。水準2では他者の要求に関心を示すが，複雑な役割取得や内面化された感情はみられない。水準3では，ステレオタイプ的な善悪や他者からの承認が考慮される。水準4では，行為の結果についての罪悪感あるいはポジティブな感情などが含まれる。水準5では，内面化された価値やすべての個人の尊厳・権利に基づき判断が下される。アイゼンバーグは，向社会的道徳推論の発達に応じて向社会的行動の動機付けに正の変化が生じることを指摘するが，両者の

関連はそれほど高くないとも述べている。上述したように，向社会的行動は様々な要因から影響を受けるためであろう。

3．向社会的行動研究の今後の展望

アイゼンバーグは向社会的行動の解明に向けて，向社会的行動の結果の取り扱い（病的な利他主義では利他的な意図で結果として自他を傷つけてしまう），特に子どもの向社会的行動における対象の違い（「仲間」かどうか）の影響，向社会的行動とパーソナリティとの間の関連などについて，さらに研究を進める必要があると述べている。例えば対象の違いに関して，幼児期から児童期の初めにかけて，内集団に対してより選択的に手助けするようになると指摘されているようだが，子どもの向社会的行動の研究はまだ多くなく，十分なコンセンサスは得られていないという。今後の研究に期待したい。

参考文献

Eisenberg, N., Fabes, R. A., & Spinrad, T. L. (2006), "Prosocial development," in N. Eisenberg, W. Damon, & R. M. Lerner (Eds.), *Handbook of child psychology: Social, emotional, and personality development.* John Wiley & Sons Inc., pp.646-718.

N.アイゼンバーグ・P.マッセン（菊池章夫・二宮克美訳）(1991)『思いやり行動の発達心理』金子書房。

Eisenberg, N. & Spinrad, T. L. (2014), "Multidimensionality of prosocial behavior: Rethinking the conceptualization and development of prosocial behavior," in L. M. Padilla-Walker & G. Carlo (Eds.), *Prosocial development: A multidimensional approach,* Oxford University Press, pp.17-39.

（小林将太）

Q4　役割取得能力とはどのような能力であり，ま たそれはどのように発達し，どのように育て ていくことができるか，論じなさい

1．役割取得能力と道徳

　相手に親切にしようとするとき，私たちは「目の前の相手が何に困ってい て，自分がどのような行動をすると相手は喜んでくれるだろうか」と考え る。反対に「どのような行動をすると目の前の相手はがっかりするだろう か」と考え，そのような行動をしないようにすることもある。どちらの例で も，そこには自分と他者の視点の違いを理解し，他者の感情や思考を推論 し，その推論に基づいて自分の行動を決定するといった認知能力が働いてい る。この能力は心理学において「役割取得能力」（role-taking ability）や「視 点取得能力」（perspective taking ability）と名付けられ，研究されてきた。

　本章 Q2 で登場したローレンス・コールバーグ（L. Kohlberg）の弟子であ るロバート・L・セルマン（R. L. Selman）は，この役割取得能力について実験 研究を行った。彼はモラル・ジレンマを含む物語を子どもに提示し，続けて 登場人物の心意に関する様々な質問を投げかけた。そこで得られた回答を分 析した結果，役割取得能力には質的に異なる 5 つの段階があるとして，それ を役割取得能力の発達段階としてまとめた。また，この役割取得能力の発達 段階をコールバーグが示した道徳性の発達段階と結び付けた。

2．セルマンの役割取得能力の発達段階

　セルマン（1976）がまとめた役割取得能力の発達段階について簡単に要約 していこう（各段階の詳細な説明については，例えば Selman〔1976〕や荒 木〔1992〕などを参照されたい）。

　最初は段階 0 である（おおよそ 4 ～ 6 歳）。この段階は「自己中心的な役 割取得」の段階と呼ばれる。この段階の子どもは，自分と他者の視点の違い

を区別することができず，基本的に自分が感じたことをそのまま相手にも当てはめて考える。

　次の段階1は「社会情報的な役割取得」の段階と呼ばれる（おおよそ6〜8歳）。段階0と違い，この段階の子どもは自分の視点と他者の視点を区別できる。そのため，もし自分と相手が同じ行動を観察したとしても，その行動に対して異なる解釈をすることがある，ということを理解している。しかし，自分の視点と相手の視点の関連性について考慮することができないことから，この段階は主観的・一人称的な段階とも呼ばれる。そして，この段階はコールバーグが示した道徳性の発達理論の第1段階に対応する。

　段階2は「自己内省的な役割取得」の段階である（おおよそ8〜10歳）。自分－相手という二人称的な枠組みが成立し，例えば自分の行動やその動機を相手の視点から考えられるようになる。しかし，二人称的な枠組みに留まっており，それを超えた三人称的な枠組みから考えることはまだできない。この段階はコールバーグ理論の第2段階に対応する。

　段階3は「相互的な役割取得」の段階である（おおよそ10〜12歳）。この段階の子どもは，A－Bという二者関係について考える際に，両者の視点を「公平な観察者」の視点から判断することができる。例えば「第三者はどのように感じるか」という問題を考えられるようになる。そして，自分も他者も互いの視点を同時的・相互的に考えることができるのだから，誰もが自らの行動を決定する前に相手の立場に立って内省することができるということを理解する。この段階はコールバーグ理論の第3段階に対応する。

　最後の段階4は「社会的慣習的システムの役割取得」の段階である（おおよそ12〜15歳以上）。この段階になると，自分が所属しているグループのメンバー間でやり取りする際，共有された慣習的な観点というものが存在していると考える。他者と正確なコミュニケーションを行い，他者を理解するために，私たちはメンバーの間で共有された「一般化された他者」の視点というものを想定している，ということを理解する。そして，多様な視点が存在するということを理解したうえで，自分の視点の位置付けについて考えていけるようになる。この段階はコールバーグ理論の第4段階に対応する。

3．役割取得能力を高める指導―「模倣」を中心に

　1990年代，セルマンは読み書き能力の教育と人格教育とを統合した「愛と自由の声」（Voices of Love and Freedom：以下，VLF）という教育プログラムに関与した。渡辺（2001）によれば，VLFは子どもの役割取得能力の育成を通して「思いやり」の心を育むことを目指す内容となっている。VLFの授業では，例えば教師の体験談を聞いたり，読み物教材についてグループで話し合ったり，ロールプレイやペア・インタビューを行ったり，それらの活動を通して自分の心の内に生じた思いを文章や絵で表現したりする。そのなかで，子どもたちは「教師の視点」「（ペアを組んでいる）あなたの視点」「物語の登場人物の視点」などの様々な視点を体験していくことになる。

　ここで模倣について考えてみたい。私たちは相手の振る舞いを模倣することで相手の視点を取り入れていくと思われるからである。VLFの授業でもロールプレイが行われているように，役割取得と模倣との間には強い結び付きがあると考えられる。そして，考察にあたり，ジョージ・ハーバード・ミード（G. H. Mead）の自我発達に関する考えを参照する。彼は，私たちの自我は他者の役割を取得していくことで形作られていくと考えたからである。

　ミードによれば，自我発達のプロセスには2つの段階がある。第一段階は「遊戯」（play）を通した他者の役割取得の段階である。子どもは母親や父親などの身近な他者のまねをしたり，ごっこ遊びという形で色々な人のふりをしたりする。自分にとって「意味ある他者」を「遊戯」のなかで模倣していくことによって，その人物の役割を自分のなかに取り入れているのである。

　そして，第二段階として「ゲーム」（game）を通して「一般化された他者」の期待や態度を取り入れていく段階がある。ミードは野球を例に「ゲーム」の特徴について説明している。例えば野手が守備を行うにあたり，すべてのポジションの選手がどのように動くかを知っておく必要がある。このとき，その野手は各ポジションの選手の役割を把握し，それらをまとめ上げたうえで，自分にはどのような役割が期待されているかを考え，行動している。「遊戯」が特定の個人の役割を対象としているのに対して，「ゲーム」の場

合,「ゲーム」に参加しているすべての人の役割を想像していかなければならない。各参加者の期待・態度を組織化し,「ゲーム」の一参加者としての自らの行動を決めなければならないのである。この全参加者の期待・態度の総体が「一般化された他者」という形で組織化されるとミードは考えた。

　以上のミードの議論が示唆しているのは,セルマンの言う段階3と段階4との間に習得方法という点で違いがあるということである。それは「遊戯」と「ゲーム」の違いとして説明することができる。特定の個人の立場を想像し,それを模倣する活動である「遊戯」に対して,参加者全員に共有されている目的,規則,慣習,態度などを考えていくことが「ゲーム」では必要になる。そして「ゲーム」に取り組むなかで「一般化された他者」の役割取得が可能になるというわけである。

　ところで,セルマンが示した発達段階では「一般化された他者」の役割取得が終着点に置かれているが,私たちはその先も考えていく必要がある。「一般化された他者」という概念には,これだけだと自民族中心主義を乗り越える仕組みが欠けている。同じ「ゲーム」に参加していない人々の視点を想像し,やり取りする能力についても道徳教育では考えていかなければならない。

参考文献

荒木紀幸（1992）「役割取得理論——セルマン」日本道徳性心理学研究会編『道徳性心理学——道徳教育のための心理学』北大路書房,pp.173-190。

ジョージ・ハーバード・ミード（稲葉三千男・滝沢正樹・中野収訳）（1973）『精神・自我・社会』青木書店。

Robert L. Selman (1976), Social-cognitive understanding: A guide to educational and clinical practice. in Thomas Lickona (Ed.), *Moral development and behavior: Theory, research, and social issues.* Holt, pp.299-316.

渡辺弥生編（2002）『VLFによる思いやり育成プログラム』図書文化社。

（相馬宗胤）

Q5 話し合い（討議）が可能となるのはどのような発達段階か，説明しなさい

1．話し合い活動を可能とする条件

　近年，話し合いの意義が注目されるようになっており，道徳教育にも話し合いが取り入れられている（第8章も参照）。だが，そうした話し合いが可能となるのは一体，子どもたちがどのような発達を迎えた後なのであろうか。これまで，こうした話し合い活動と子どもたちの発達モデルとを関連付けてとらえることはあまりなされてこなかったように思われる。そこで，ここでは道徳教育における話し合いを「討議」という活動としてとらえ，ドイツの社会学者ユルゲン・ハーバーマス（J. Habermas）の理論を手がかりに，話し合いとはどのような活動か，そしてそういった活動が可能となるのは子どもたちがどのような発達を遂げた後であるのか，明らかにしてみたい。

2．文化や習慣を共有する人々の間でのコミュニケーション

　私たちは普段，同じ社会に暮らす他の人々とやりとりをしながら生活している。その際，たとえ相手が個人的に面識のない人であったとしても，その人物との間でそれなりに円滑なコミュニケーションが成立するだろう。冬の朝，路上で「今朝も寒いですね」と話しかけられれば，「そうですね，寒いですね」とか「明日からはさらに寒くなるらしいですよ」などといった言葉を返す場合が多いだろう。「それはどの都市の気温の話ですか？」とか，「今朝というのは正確には何時何分の時点のことですか？」とか，「もしかして，返事を求めていますか？」などと相手の言葉の意図を再確認することはめったにない。実際には，相手の言葉は非常にあいまいなものであり，相手の意図についてはあくまでも様々な解釈が可能なのであるが（例えば，劇のセリフを練習していたのだという可能性もありうる），それでも私たちは「相手はおそらくこちらと交流を図りたいと考えているだけなのだろう（どうも敵

ではなさそうだ）」と理解し，（おそらくは笑顔と会釈などを交えながら）こちらもそれほど具体的でない返事を返すのである。

　だが，こうしたコミュニケーションがそれなりに円滑に進むとしても，そのように応えるべき理由は両者の発言内容そのものの中には見当たらない。両者はあくまでも文面上，様々な解釈の可能性に開かれた言葉を交わしているだけであり，そのように応答「しなくてはならない」理由はどこにも見いだせないのである。両者が非常に曖昧な言葉のみを交わしつつ，それでも破綻することなくコミュニケーションを成立させることに成功しているのは，実際にはその発言内容の中に根拠があるからではなく，両者が文化や習慣（ハーバーマスはこれらを「生活世界」と呼ぶ）を共有しているからである。文化や習慣を共有する人々は，それらに支えられながら，ごくわずかな言葉や身振り，場合によってはアイコンタクトのみで，一定の意思を伝え合ったり，コミュニケーションを成立させたりすることさえも可能となるのである。

　実は，私たちが普段，常識や礼儀，さらには道徳と考えているような行動は，こうした文化や習慣の共有によって，当事者にはさも当然のことであるかのようにみなされているものにすぎない。なぜそのように振る舞わなくてはならないのかについて，絶対的な根拠をともなうものではないのである。

3．合意の欠如を埋める手段としての話し合い（討議）

　だが，同じ文化や習慣を共有しているように思われる人々の間でも，それぞれが当然とみなす行動にはときに齟齬が生じるのであり，いかなる人々の間のコミュニケーションでもそれが円滑に進行するという保証は存在しない。

　それゆえハーバーマスは，コミュニケーションには２つの形式が存在すると指摘する。それは，１つはお互いの間で情報を交換する相互行為としての「コミュニケーション行為」であり，もう１つは，お互いの間で前提に関する合意が得られていない（お互いが納得できていない）事態が生じた場合に両者の間で合意（納得）を生み出すためのやりとりとしての「討議」であ

る。前者は円滑に進行するコミュニケーションであり，当事者の間で情報の
やりとりがなされるが（例えば，朝の寒さに関するやりとりにおいては「私
はあなたの敵ではありませんよ」という情報が暗黙のうちに交換されてい
る），後者はお互いが（ある部分で）文化や習慣を共有できていないという
ことが明らかになった場合に，そうした共有を（再度）生み出そうと両者の
合意できる共通項を探すことを目指すものである。やりとりを重ねる中で両
者は，自らがこれまで当たり前とみなしてきたものを改めて問い直す（疑
う）ようになり，合意や納得に向かって考えの交換を重ね，「自らにとって
のみ当然」ではなく「お互いが（そしておそらくは他の人々も）合意でき
る」という共通項を見いだすことになるのである。こうした討議こそがハー
バーマスの理論からとらえた場合の話し合いの本質であると言えよう。

4．子どもたちの発達モデル

　なお，ハーバーマスは本章のQ2やQ4で扱われたローレンス・コールバー
グ（L. Kohlberg）やロバート・セルマン（R. L. Selman）の理論をもとに，
子どもたちの発達を次のようにモデル化する。

　まず，コールバーグの論じる前慣習的段階はセルマンのモデルにおける段
階2と重なるものとみなされ，この段階で子どもは両親等の特別な人物との
やりとりを通して特定の型の行動パターンを学習する。そして，徐々にその
人物の考え（善悪の判断基準など）を自らに内面化していく。また，コール
バーグの慣習的段階はセルマンの段階3と重なるものとみなされ，この段階
では特定の人物の視点からだけでなく，自らの暮らす集団の構成員の視点か
らも，自分と自分のコミュニケーション相手をとらえることができるように
なる。そうする中で善悪の判断の基準は，かつて自らが内面化した特定個人
の考えから，自らの暮らすその集団全体としての考えへと移行していき，そ
うした集団全体としての考えが新たに規範として内面化されることになる。
最後に，コールバーグの脱慣習的段階はセルマンの段階4と重なるものとみ
なされ，この段階において子どもたちは集団全体や社会全体を俯瞰すること
ができるようになり，自らをその中に位置付けて理解することが可能となる。

この流れを討議に求められる能力の発達という観点からとらえると，まず前慣習的段階において子どもたちの判断の基準は特定の人物の考えに拘束されているか，それ以前の段階にとどまっている。それが慣習的段階に入ると，子どもたちは自らの置かれた社会に目を向けるようになり，その社会の文化や習慣を学び，その中で自らが果たすべき役割や守るべき規範を内面化するようになる（「生活世界」が立ち上がる）。だが，この段階においてはいまだに判断の基準がこうした（当人にとって当然なものとして見える）文化や習慣にとどまっており，それらに拘束された自らの判断基準を問いなおすところまでは至らない。だが，脱慣習的段階に向かう過程の中で子どもたちは自らを取り巻く集団や社会を相対視するようになり，それらに絶対性を認めることもなくなってくる。そして，自らの置かれた集団や社会（その文化や習慣）において「現にそうである」（見方を変えると，偶然そうなっているに過ぎない）ということは根拠としての絶対性を失い，自分と自分のやりとりの相手とが（そしておそらくは他の人々も）合意（納得）できる事柄こそ，両者にとって確かな基盤だとみなされるようになる。

5．話し合い（討議）の前提としての脱慣習的段階

　以上のように，ハーバーマスの理論に基づいて考えるならば，子どもたちは脱慣習的段階に至って初めて，自らの置かれた集団や社会が有する文化や習慣を絶対視することなくそれらを相対視し，そのうえで討議を通じて自分と自分のやりとりの相手（そしておそらくは他の人々も）が合意（納得）できる内容を探るだけの力を身に付けることができる。当然ながら，こうした能力は本質的な討議を行うために不可欠なものであり，子どもたちが脱慣習的段階へと到達していることこそが，内実をともなった討議の前提となると言えよう。

　今日，グローバル化・価値多元化社会に暮らす私たちの文化や習慣の中にもはや「当然」とか「絶対」とみなされる対応は存在していない。お互いの前提が異なる場面では，相手との直接のやりとりを通して両者の合意（納得）できる共通項を探すしかないのであり，それが両者にとっての道徳的行

為となる。そのような時代状況のもとで道徳教育にも話し合いが取り入れられているが，この話し合いに討議としての意味をもたせるのであれば，子どもたちの一定の発達（脱慣習的段階への到達）こそ，その前提として求められるのである。

　もっとも，そうした発達（脱慣習的段階への到達）を実現するためには，本章Q2で示されたように，様々な方法を用いたり，子どもたちに多様な経験を積ませたりすることにより，子どもたちの発達を促していくことが必要となる。厳密に言えば，（ハーバーマスに基づく限り）本来の意味での話し合いが可能となるのは脱慣習的段階においてであるとしても，そのためには，それ以前の段階において話し合いに類似したジレンマ・ディスカッション（モラルジレンマ授業）などを通して子どもたちが他者の意見や考えに触れ，役割取得を進められるような支援が必要となるのである。そのように考えるならば，現在の学校で行われている様々な教育活動は，本来の意味での話し合い（討議）を可能とするためにこそ，話し合いに類似した活動を通して子どもたちを準備させていくという重要な活動として理解されるべきものなのである。

参考文献

ユルゲン・ハーバーマス（三島憲一・中野敏男・木前利秋訳）（1991）『道徳意識とコミュニケーション行為』岩波書店。

（鈴木　篤）

Q6 ジョナサン・ハイトの「社会的直観主義」を説明しなさい

1. 推論による理由付けは直観を正当化しているにすぎない

はじめに，次の2つの事例について，そこで描かれている行為が道徳的に許されるかどうかを考えてみよう。

事例1：ある家族が飼っていた愛犬が，自宅の前で車にひかれて死んだ。「犬の肉はおいしい」と聞いていたこの家族は，死骸を切り刻んで料理し，こっそり食べてみた。

事例2：兄のマークと妹のジュリーは，大学の夏休みにフランスを旅行していた。2人は，誰もいない浜辺の小屋で一夜を過ごした。そのとき性行為をしてみようと思い立ち，合意のうえで，互いに避妊をして行う。2人は二度としないと決めて，誰にも話さなかった。2人の関係はその後も良好である。

これらは，アメリカの社会心理学者ジョナサン・ハイト（J. Haidt）が中心となり作成した，他者に危害を加えないけれども，多くの人が嫌悪感を抱くような事例である。この事例を読んだ人の多くが，ここで描かれている行為を道徳的に許されないと判断した。だが，ハイトによれば，どちらの事例でも誰も傷ついていない。事例1について，犬が調理されるのを見た人が嫌悪感を抱くのではないかと反論をする人がいるかもしれないが，この家族以外の誰もその光景を見ていないとすればどうか。事例2について，兄妹は性行為を続けていずれ妊娠する可能性があると反論する人がいるかもしれないが，仮定上，一度きりの行為である。誰も傷ついていないのだから，道徳的に許されないという判断には正当性がない。そう問い返されたら，どう応じるだろうか。「いや，それでも…」，そう言いたくなるのではなかろうか。

　実際，ハイトらが様々な被検者に回答してもらったところ，人は事後的に何かと理由をつけて，自分の判断を正当化しようとした。実験者はそれに対して反論を繰り返した。結果，被験者は「悪いものは悪いのだ」と言うしかなくなった。多くの人は他者への危害がないことを知らされても，何とか理由をつけて，自分の直観を正当化しようとしたのである。この実験結果から，ハイトは道徳判断においては理性よりも直観が先にあることを主張した。つまり，理由付けは結局のところ，直観を正当化するためにでっちあげたものにすぎないというのである。

２．ハイトの主張の位置付け

　ハイトは道徳判断について，理性が情動をコントロールするというモデルを否定し，情動が理性をコントロールしているというモデルを提示した。ハイトはその源泉をデイヴィッド・ヒューム（D. Hume）に求めている。情動と理性のせめぎ合いは哲学に古くからある問題圏である。ハイトはカント哲学に基盤をもつローレンス・コールバーグ（L. Kohlberg）の道徳性発達理論が盛んに論じられていた時期に大学院時代を送っており，理性が情動をコントロールするというモデルに違和感を抱いていたという。コールバーグの道徳性発達理論は中立で公平な立場から普遍的な判断を下すことがより望ましいという考え方に基づいている。対してハイトが示したのは，合理的な判断は直観を事後的に正当化しようとしているにすぎないという点である。

　道徳判断が理性による理由付けだけでは説明できず，情動や直観に大きな影響を受けていることは，近年の心理学や脳科学の知見によって実証的に明らかにされたことで，改めて注目されている（詳しくは，太田〔2016〕を参照のこと）。ハイトの主張は，道徳教育を考えるとき，情動や直観にも目を向け，それが社会的に育まれている（だからこそ，「社会的直観主義」と呼ばれる）ことを踏まえておく必要があると指摘した点で意義がある。

　ハイトはさらに，私たちの道徳判断の基盤が「公正」だけでなく，「ケア」「忠誠」「権威」「神聖」「自由」などからも構成されていることを経験的に明らかにし，コールバーグに由来する道徳性発達理論を相対化しようとしてい

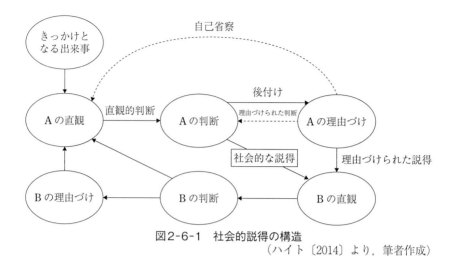

図2-6-1 社会的説得の構造
（ハイト〔2014〕より，筆者作成）

る（「道徳基盤理論」）。また，道徳判断の変容を図2-6-1のようにモデル化
し，理由付けによる説得だけでなく，信頼を寄せる他者の判断に影響を受け
る「社会的説得」の意義を示している。ハイトの主張は論争含みであり，現
在も様々な関連研究が進んでいて評価は定まっていないが，道徳教育におけ
る理性と情動・直観の関係を考えるうえで，示唆に富むと思われる。

参考文献
ジョナサン・ハイト（高橋洋訳）（2014）『社会はなぜ左と右にわかれるの
　　　か』紀伊國屋書店。
太田紘史編（2016）『モラル・サイコロジー』春秋社。

（杉田浩崇）

第3章

道徳教育の基礎理論

Q1　徳は教えられるか。プラトンやアリストテレスの思想に言及しながら説明しなさい

1．はじめに

　「どうすれば道徳教育はうまくいくか」。道徳教育に関心のある人なら，一度はこのような問いを立てたことがあるだろう。だが，「どうすればうまくいくか」と問う前に，「徳は教えられるか」と，より根本的に問いなおすこともできるのではないか。本論では古代ギリシャの思想に遡り，道徳教育を捉えなおすための視点を論じる。

2．古代ギリシャにおける徳の探究

（1）ソクラテスの問い

　古代ギリシャには様々な都市国家が栄えたが，その中心はアテナイであった。そのアテナイで，物事を根本的に捉えなおす知的活動を重視したのがソクラテス（Sōkratēs）である。ソクラテスは，万物について「知らないと思っていた」のであり，知らないと思えばこそ，知を愛し，求めた。例えば，「善とは何か」と問えば，誰でも何かしらの形で答えられるだろう。しかし，本当にそれが善なのかどうか，さらに問いを重ねると根拠が不確かなことも珍しくない。人々に議論をもちかけ，混乱を生じさせかねないソクラテスは危険人物と見なされ，民衆裁判によって死刑の宣告を受けてしまう。

ソクラテスは，自ら毒を仰ぎ，命を絶った。執筆活動を行わなかったソクラテスは，著作を残していない。しかし，ソクラテスから学んだ人々が，ソクラテスの哲学実践を書き残している。プラトン（Platōn）がその1人である。

プラトンは，メノンという若者とソクラテスとの対話の形式で，徳の探究場面を伝えている。メノンはソクラテスに問う。「徳は教えられるか」と。しかし，ソクラテスはこの問いに正面からは答えない。問いをずらし，徳の捉えなおしをメノンに迫る。徳が教えられるためには，徳は何でなくてはならないか，と。さらに，徳が教えられるためには，教える人と学ぶ人が必要となる。徳を教えることのできる人は誰か。だが，どうだろう。答えはすぐに見つからない。ソクラテスが繰り出す問いとメノンの真剣な応答は，メノンを徳の探究へと導いていく。だが，やがてこの対話は，行き詰まりを迎え，アポリア（難問）となる。ついにソクラテスは，問答を通じて「徳は教えられるか」という当初の問いを「徳とは何か」という問いに転換させてしまう。

（2）プラトンの四元徳論

ソクラテスに学んだプラトンは，アテナイにアカデメイアという学園を開き，教育にあたった人である。プラトンは，徳をどのようなものと考えていたのだろうか。プラトンにとって，徳は人間の魂が正しく働いたときに実現されるものであった。プラトンは，人間の魂を理性，意志，欲望の3つに分けて考えた。人間の魂のそれぞれに徳が対応する。理性には知恵という徳が，意志には勇気という徳が，欲望には節制という徳が対応し，実現するという。さらに，知恵・勇気・節制という徳が首尾よく実現されて初めて，正義の徳が実現されると考えられた。これらは四元徳と呼ばれる。

プラトンの徳に関する見解をより深く知るために，プラトンの世界観が手がかりとなる。プラトンは，イデア論によって独特の世界観を提示した。プラトンによれば，現実の事物が存在する世界と，そうした事物の理想の姿（イデア）が存在するイデア界が存在する。例えば，現実の世界にある木と同じである木は1つとして存在しない。しかし，私たちは，異なる木々の共通点を知り，木であると知ることができる。これは，異なる木々がイデア界に存在する木のイデアをそれぞれ分有しているからだ，プラトンはそのよう

に考えた。だからこそ，私たちが日ごろ見聞きする事柄をうのみにしてはいけない，とプラトンは言う。私たちが感覚で捉えることのできる世界は，まるで洞窟の中で悪魔によって映し出された影絵のようなものである。洞窟から出て，真の世界（イデア界）を見ることができなくてはならない。

　プラトンにとってイデア界を見通すことができるのは，ただ哲学者のみであった。そして哲学者こそが理性を働かせ，知恵の徳を最もよく実現できると考えた。それゆえにプラトンが構想した理想の国家は，哲学者が政治を執り行う国家，あるいは為政者が哲学を修めた国家だった。そのため，哲人政治と呼ばれる。そのような国家でこそ，四元徳，特に正義の徳が十全に発揮される，とプラトンは考えたのである。

（3）アリストテレスの徳倫理学

　プラトンの学園アカデメイアで学び，後に独自の思想を紡ぎだしたのがアリストテレス（Aristotelēs）である。アリストテレスはソクラテスから直接学ぶ機会はなかったものの，ソクラテスの哲学実践を伝える対話篇からソクラテスの哲学を学んでいたと考えられている。自然界の事物の観察を行い，生物学にも造詣の深かったアリストテレスは，プラトンのイデア論を批判的に捉え，徳について独自の考えを出している。

　アリストテレスは，人は幸福（エウダイモニア）を実現すべきだと考えた。そのためには，つぼみが花開くように，人間性が十全に開花しなくてはならない。そのとき，幸福が実現されると考えられた。人間性が開花した人をアリストテレスは有徳な人と表現する。アリストテレスは徳を性格の徳と思考の徳の2つに分けている。性格の徳は，幼少期からの習慣によって身に付く徳であり，勇気・節制・温厚等がある。これらは，それぞれの徳が適切な程度で実現された状態であり，中庸をとっているとみられる。それぞれの徳は過剰であっても不足してもいけない。例えば，勇気が過剰であれば，無謀という悪徳となるし，不足すれば，臆病という悪徳となるだろう。

　性格の徳に対して，思考の徳は，状況の認識や行為の決定の仕方に関わる徳であり，思慮とも呼ばれる。例えば，「人に親切にすることは，よいことだ」という目的（大前提）が，実際に親切にするという行為（結論）と結び

付くためには，「目の前の人は疲れていて，席に座りたそうだ。この人に席を譲ることは，親切なことだ」という状況の認識（小前提）が必要となるだろう。このように目的，状況の認識，行為を結び付ける思慮が思考の徳である。もっとも，このような推論には，状況に応じてときに高度な判断力が欠かせない。だからこそ，思考の徳は教育によって高められる必要がある。

　性格の徳は思考の徳とも関係している。目の前の人に席を譲るには，たとえ見知らぬ人であっても声をかけなくてはならない。ここでは，勇気という性格の徳が求められる。困っている人に席を譲ることができなくては，その人は臆病と見なされてしまうかもしれない。置かれた状況の捉え方や行為には，性格の徳と思考の徳が密接に関わっている。

3．おわりに

　本論では，「徳は教えられるか」という問いを，ソクラテスとメノンの対話に従い，「徳とは何か」という問いとして捉えなおしながら，考察を進めた。プラトンやアリストテレスの思想を参照することで，「徳とは何か」という問いに対してひとまず答えることができるかもしれない。だが，それらもあくまで１つの答え方でしかない。ソクラテスの対話の内容を踏まえれば，「徳とは何か」という問いに答えることは難しく，探究活動の先でかろうじて「徳は教えられるか」という問いに答える可能性が出てくるのではないか。「徳は教えられうる。だが，その内容や方法は未決のものであり，常に問われ続ける必要がある」と。

参考文献

アリストテレス（高田三郎訳）（1971/1973）『ニコマコス倫理学』上・下，岩波書店。

プラトン（藤沢令夫訳）（1994）『メノン』岩波書店。

プラトン（久保勉訳）（1927）『ソクラテスの弁明・クリトン』岩波書店。

プラトン（藤沢令夫訳）（1979）『国家』上・下，岩波書店。

（山口裕毅）

Q2　ルソーの教育思想にみる道徳教育論の特徴について説明しなさい

　ジャン＝ジャック・ルソー（J.-J. Rousseau）の思想の中で，教育に関する考えが最も端的にあらわれているのは『エミール』である。本書では，エミールという1人の少年がルソーの説く教育論に従って1人の教師によって0歳から25歳まで導かれていく様子が思考実験的に描かれている。ルソーはまず，冒頭で教育対象としての「子ども」を，それまで一般的とされてきたような「小さな大人」（つまり大人とは同じことができない劣った存在）としてみるのではなく，「大人とは異なった存在」としてそれ自体に固有の特質や価値をもった存在としてみるべきだと説き，子どもをよく観察することから教育を考える必要性のあることを強調している。

　また，ルソーは「教育」という用語についても，「自然の教育」，「人間の教育」，「事物の教育」の3種類から説明したうえで，なかでも人間の力ではどうにもできない「自然の教育」に他の2つを合わせるべきだと主張する。なお，この場合の「自然」とは「われわれの能力と器官の内部的発展」という意味で使われており，いわゆる発達段階を考慮した教育への視座がみてとれる。したがって『エミール』も乳幼児期，児童期前半，児童期後半，青年期，適齢期といったように各年齢段階に応じた教育論が展開されている。

　ルソーは人間形成論（道徳教育論）を語る前提として，この世の悪を「人間の本性」（原罪）のせいでも「神」のせいでもなく，人間が社会のなかで悪く変質することからもたらされると考えていた。そのため，ルソーにとって「初期の教育」は悪しき環境から子どもを守るという役割や方法となった。いわゆる「消極的な教育」論である。ルソーの消極的な教育論はともすると教育的な働きかけを一切せず，道徳性の欠如した人間を誕生させるかのような誤解を招きかねないが，ルソーがここで問題にしているのは認識に働きかけるタイミングである。ルソーはロックのように早くから精神を形成し認識に働きかけるような積極的な教育は子どもの年齢（発達）から考えて妥

当ではないと考えていた。ルソーの考えでは，人間の精神や理性が形成されるのは青年期にさしかかったころであり，そのため，ルソーは児童期に関しては「事物の教育」や「経験」などを通して，「認識の道具である諸器官を完全なものに」すること，「感覚器官を訓練することを通して理性を準備する」ことを重視した。他方で，積極的な道徳教育を行わないことで自己中心的な人間になってしまうのではないかといった懸念に対しても，ルソーは「自分への愛」を２種類に区別することで説明した。１つは，自己の拡張として「人類愛」への萌芽となる「自己愛」であり，もう１つは，他者と比較し，自分を優位に置きたいという競争的な「利己愛」である。ルソーの消極的な教育論において重視されているのは，「利己愛」に変質させることなく，「人類愛」への萌芽となり得る「自己愛」を守ることであった。

　ルソーの教育思想において道徳教育が積極的に開始されるのは第４編すなわち青年期以降である。ルソーは，青年期にさしかかる時期に人は第二の誕生を迎えるという。１回目は存在するため，２回目は生きるために。ルソーによれば，この第二の誕生を経て人は生まれてはじめて人間的な何ものも彼にとって無縁のものではなくなるという。「ふつうの教育が終わりとなるこの時期こそ，まさにわたしたちの教育をはじめなければならない時期だ」と述べ，「青年期の情熱」によってこそ教育は仕上げられ，完成されるのだと説く。そして，青年期には読書，間接経験，宗教教育など，それまで消極的な教育論においては否定されてきたような教育内容や方法も展開されていく。やがてエミールは青年期の教育を経て，自律的な人間形成論を考えるうえで極めて重要な道徳性である「良心」を獲得するに至るのである。

参考文献

　ルソー（長尾十三二ほか訳）（1967-1977）『エミール』１-３，明治図書
　　　　出版。
　押村襄ほか（1984）『ルソーとその時代』玉川大学出版部。

（田中マリア）

Q3　ペスタロッチーの道徳教育論について論述しなさい

1．ペスタロッチーの「道徳状態」

　スイスの教育者ペスタロッチー（J. H. Pestalozzi）によれば，人間の能力は，知的，心情的，身体的の3つの側面からとらえることができ，そのいずれもが不可分であり，調和的発達が重要である。その調和的発達のかなめに，道徳・宗教教育が位置付けられる。

　ペスタロッチーは『人間の発展における自然の歩みについての探求』において，人間の3つの状態を構想した。すなわち「自然状態」，「社会状態」，「道徳状態」である。この3状態は，発達段階であると同時に，個人の中に重層的に存在するものでもある。

　「自然状態」の人間は，純粋に無邪気であり，善もある。一見，理想的にも思われるが，ペスタロッチーは「自然状態」を理想とはしない。ペスタロッチーによれば，この状況は誕生後直ちに変化するためである。不安や心配を経験したり，要求が満たされない状況になると，人間はたちまちに無邪気さを喪失し，「堕落した自然人」になってしまう。

　他者と結び付くことによって，人間は自然的，動物的欲求を，より容易に，より確実に満たすことが可能になる。こうして人間は社会的存在となり，「社会状態」へと移行する。人間は契約や約束によって要求を満たすことができるが，社会の支配構造や権力関係も生じる。人間はしばしば利己的になり，自身の欲求が満たされないとき，他者を犠牲にして満足する可能性がある。

　そこで想定される第三の状態が「道徳状態」である。「道徳状態」の人間は自己の良心に従って，人間は道徳的に考え，行動することができる。ペスタロッチーによれば道徳は全く個人的なものである。それは人間に内在するものであり，自由なものである。「自然状態」における人間を「自然の作品」，「社会状態」における人間を「社会の作品」というペスタロッチーは，

「道徳状態」における人間を「自己自身の作品」と位置付ける。道徳的人間は自己の良心に従い，内面を醇化（じゅんか）する。

　個人的なものであり，内的なものである道徳を，教えることはできるのだろうか。ペスタロッチーによれば，子どもは好んで善を求めるし，教育者はそれを感じ取らねばならない。子どもが教育者を信頼し，教育者が愛情をもって子どもに接するとき，子どもが自身でその内面を築くことが可能となる。教育の場は家庭，「居間」を模倣したものが求められ，家庭的な環境が子どもの内にある道徳的な善を呼び覚ます。子どもを注意深く見守る「母親」と，家庭を支える「父親」，その双方が必要である。居間の母親は毎日子どもの精神状態や変化を読み取り，父親が家庭生活に活気を与える。これがペスタロッチーの考える人間教育の土台であった。学校教育も家庭教育の良さを模倣されなければならないとした。

２．道徳教育の方法：『シュタンツだより』を中心に

　それでは，どのようにして子どもは道徳的な善に目覚めるのか。道徳教育の方法について，ペスタロッチーは『シュタンツだより』において次のように示している。

　第一段階は「道徳的情調」の覚醒である。子どもたちへの配慮が行き届き，要求が満たされ，教育者に対する子どもたちの信頼が芽生える。信頼を基礎として，家庭的な共同体のなかに「道徳的情調」が満たされるようになる。家庭的な環境において，子どもは「道徳的情調」を目覚めさせることが可能になる。

　ペスタロッチーがシュタンツに開いた孤児院の子どもたちも，はじめはペスタロッチーの愛情を信じようとせず，多くのトラブルが起きたという。しかしペスタロッチーが根気よく愛情を伝えるうちに，彼らは１つの大きな家庭のように，すなわち兄弟姉妹のようになり，彼らの間に道徳的な感情が芽生えたという。子どもたち同士の家庭的な関わりを発展させ，家庭的な共同体を成立させることが重要なのである。

　第二段階は，道徳的に行動することである。ペスタロッチーはこのことを

「道徳的訓練」という。人間は，正しいことや善いことを直接，具体的に経験しなければならない。ペスタロッチーは『シュタンツだより』のなかで，戦災で家を離れなければならなくなった人を施設に受け入れることを，子どもたちが自発的に認めたエピソードなどを紹介している。ペスタロッチーは子どもたちに，人々を受け入れれば自分たちの食べ物や着る物が少なくなるがよいか，と問うた。子どもたちは人々を助けてあげたいからそれでよいと返答したという。ペスタロッチーは孤児院におけるどんな出来事でも彼らの感情に訴えて考えさせるようにした。

　第三段階は，道徳的行為の反省である。道徳的な経験や道徳的に行為したときの感情や正義について，子ども自身で熟考し，言葉や概念によって理解する。直接的な経験や行為からすこし離れ，反省を行う。ペスタロッチーは，熟考する際に子どもたちの自由な判断を尊重し，どのような出来事でも子どもたち自身に訴えたという。判断を大人が押しつけるのではなく，子どもたちに考えさせることが必要なのである。

　ペスタロッチーの道徳教育の基本は，何かを教えるということではなく，子どもの道徳的感情にいかに働きかけ，呼び覚ますかということだと言える。主体は子どもであり，自身で目覚め，行動する。教育者の役割は配慮し，働きかけることである。

参考文献

ペスタロッチー（長田新編）（1960）『ペスタロッチー全集　第7巻』平凡社。

日本ペスタロッチー・フレーベル学会編（2006）『増補改訂版　ペスタロッチー・フレーベル事典』玉川大学出版部。

福田弘（2002）『人間性尊重教育の思想と実践——ペスタロッチ研究序説』明石書店。

森川直（2012）「人間性の探求と道徳教育——ペスタロッチーの場合」小笠原道雄ほか編『教育的思考の作法4　道徳教育の可能性』福村出版，pp.50-59。

（諏訪佳代）

Q4 デュルケムの道徳教育論について説明しなさい

1. デュルケムの略歴と『道徳教育論』執筆の背景

デュルケム（É. Durkheim, 1858-1917）は，現代社会学の創始者の1人とされている。彼は，高等師範学校，ドイツ留学を経て，1887年にボルドー大学文学部の「社会科学及び教育学」の講義担当として着任した。1902年には，パリ大学の教育科学講座の担当に転任した。この職の前任者は，ビュイッソン（F. Buisson, 1841-1932）であった。ビュイッソンは初等教育局長として，初等教育の三原則の確立に尽力したジュール・フェリー（J. Ferry, 1832-93）に協力した人物である。

この三原則とは，無償・義務・世俗の3つであり，フランスにおいて第三共和政期に確立されたものである。具体的には，1881年に無償が，1882年に義務が法制化された。世俗の原則の法制化に関しては，賛成反対の白熱した議論ののち，1882年に，初等教育から宗教教育を排除し，道徳・公民教育を実施することが定められた。

このような時代背景の中，世俗的な道徳の確立がデュルケムに期待されたのである。

1925年に公刊された『道徳教育論』は，パリ大学において1902年から1903年に行われた講義の草稿が収録されたものである。

2. 『道徳教育論』の内容（1）道徳性の三要素

デュルケムは，宗教に頼らない合理的な道徳教育を実現することを課題とし，道徳の本質的要素を，道徳を観察することによって理解することを試みる。第一の要素は「規律の精神」である。道徳は，規則性を好む心を前提とし，さらに，規則に従うためには，規則のもつ権威の存在を認識しなければならない。デュルケムは，このような規則性の感覚と権威の感覚を，規律の精神の2つの側面であるとする。道徳的健全性と幸福を要件として，欲望を

抑える制限を定めることが必要であり，自己を抑制する能力を発達させるためには，このように設定された限界を認識することが必要であるという。

　第二の要素は「社会集団への愛着」である。個人的利益を追求する行為は，道徳的価値をもたない。一方で，集合的利益のために振る舞うことは道徳的行為であり，個人を超えた社会が道徳的活動の唯一の目的であるとする。加えて，進んで社会に帰属することが必要であるとする。しかも，集団に愛着することにより，自己の本性を完全に実現することができる。我々の属する集団として，家族や国家や人類を挙げ，そのうち国家が最も優先されるべきものであるとする。ただし国家は，侵略し，排斥する利己的なものではなく，国際的分業をなすものでなければならない。

　第一の要素と第二の要素は，社会の2つの側面である。なぜならば，権威は，世論すなわち集団のもつ感情に関わり，社会こそが我々を制限するものであると同時に，愛着をもつ対象が社会だからである。

　第三の要素は，「意思の自律性」である。道徳規則は我々を拘束する。しかしながら，圧力によってではなく，我々の自由意志によって選ぶ行為でなければ，道徳的な行為とは言えない。デュルケムはこのような矛盾の解決に取り組む。我々はまず，受動的に道徳規則に服従するが，それを規定している諸要因や諸機能についての明確な知識をもち，「道徳の科学」を完成させることによって，自律的にこれに従うことができるようになるとデュルケムは考える。ゆえに，道徳教育とは，道徳を注入することではなく，道徳を説明することである。

3. 『道徳教育論』の内容（2）道徳性の諸要素を子どもの内部に確立する方法

　デュルケムは続いて，明らかになった道徳性の要素を，どのようにして子どもの内部に確立していくかという問題に対して，規律の精神，社会集団への愛着について検討する。

　第一の要素である規律の精神についての考察は，以下のように展開していく。子どもの本性には，同じ行為を同じように行うことを好む性質と，命令

的暗示に対するすぐれた受容性があるという。この性質を利用し，規則的な生活になじませ，これを愛好させ，さらに，自制と節度の習慣を速やかに植え付けることができる。

　ただしこれは強力なので，慎重に行わなければならない。規律の精神は，家庭ではなく学校において，学校の規律を実行することによって教えることができる。ただし，学校の規律として何もかもこまごまと決めてはならない。子どもがうんざりし，あるいは，言われなければ何もできなくなってしまうからである。必要なことは，規則を尊敬させることであり，そのためには，教師が道徳的権威を体得し，超越的な道徳的実在の代弁者としてこれを示さなければならない。

　デュルケムは次に，規則に付随する賞罰について検討する。まず罰について，罰の本質的機能は，威嚇によって違反を未然に防ぐことでも，苦痛によって罪を償わせることでもなく，規則が侵されるのを放置せず，規則への教師の信念が常に変わらないということを示すことにある。このような機能を果たすために，罰の目的は「非難」であるべきである。罰の方法について，以下のように注意を促す。まず，体罰は学校においては禁止すべきである。また，違反があったことを認識すると同時に性急に罰を与えるのではなく，時間をとり，罰すべきか否か，どのような罰を与えるかを熟考するべきである。怒りに任せて罰するのはよくないが，あまりにも冷静すぎても望ましい効果はもたらされない。さらに，一度与えた罰は撤回してはならない。褒章については，徳行よりも知的能力に対して与えられるものであるとする。道徳的能力を教師が重んじる態度をとれば，それが何にもまさる褒章となるという。

　第二の要素である社会集団への愛着については，以下のように考察している。まず，第一の要素を考察したときと同様，子どもの本性を検討する。彼によると，子どもは純粋な利己主義者ではなく，愛他的性格をもっている。ただし，意識が狭いために，愛他的感情が弱い。教育者の任務は，社会集団についての観念を子どもの内部に浸透させ，現実に集団生活を営ませることである。

　次にデュルケムは，我々が子どもに対する働きかけとして用いうる手段を，学校環境そのものと，そこで行われる教育とに分け，どのように用いるべきか検討する。学校環境について，家族という集団と国家という集団を仲介し，必然的に所属する学校は，集団生活を実践させ，これを愛することを学び，もって，協同精神が薄弱な国民性をもつフランスにおいて集団生活をよみがえらせるのに効果的である。ここで教師は，共通感情を引き出し，賞罰を慎重に用いて連帯感情を喚起させる。学校で行われる教育に関しては，道徳教育における芸術の役割は消極的なものにすぎないとする一方で，自然科学や歴史の教育の必要性を論じている。

　以上が，デュルケムの『道徳教育論』における，道徳性の三要素と，それらをどのようにして子どもの内部に確立していくかという問題に対する考察の内容である。現代の日本と，デュルケムが活躍した状況とは，時代も国も異なる。しかし，宗教に頼らない道徳教育を追求するという原則は一致しており，学校という場を重要なものとみなし，そこでの教育の在り方を模索したデュルケムの思想に学べるところも少なくない。

参考文献

佐藤英一郎（1975）「第六章　第三共和国成立・発展期の教育」梅根悟監
　　　　修，世界教育史研究会編『世界教育史体系10　フランス教育史
　　　　II』講談社。

麻生誠（1981）「IX　E.デュルケム——教育社会学の創始者」松島鈞編
　　　　『現代に生きる教育思想第3巻　フランス』ぎょうせい。

デュルケム（麻生誠・山村健訳）（1964，1968）『道徳教育論（1），（2）』明
　　　　治図書出版。

（川上若奈）

Q5 デューイの道徳教育論の特徴について説明しなさい

　ジョン・デューイ（J. Dewey）はアメリカの哲学者・教育学者である。デューイは1880年代から始まった新教育運動に着目し，子どもの自己活動や子どもの発達の内面的法則を重視して自発的活動を教育の基本に据えるこれらの新教育運動の理論的整備を行った。デューイは道徳教育及び倫理学に関して高い関心を示しており，多くの著作を発表している。この分野の代表的著作である『教育の基礎となる倫理的原理』（1897年）において，デューイは教育学の実践的社会的意義を初めて体系的に論述し，従来の道徳教育論を根本的に覆して当時の世論に大きな衝撃を与えた。この他多くの著作を通じて，デューイは倫理的理想としての民主主義，道徳的原理の社会的側面と倫理的側面，社会共同体としての学校観，社会の一員としての子ども観，徳目を教える「道徳教科」への批判，そして道徳教育の目的である「組織された社会的作用能力」としての性格の形成等について論じている。

　デューイにとって民主主義とは単なる政治形態ではなく諸個人の道徳的・精神的な結合方式であり，共同の経験に参加しながら各人の諸能力を発展させるような生活様式である。そこでは，人格が最初にして最後の実存であり，人格の社会的実現の方法としての教育論が必然的に要請される。

　デューイによれば，人間の行為に関わる道徳はすべての生活活動に結び付いているものであり，特別の分野に属するものではない。ゆえに道徳的原理は普遍的でなければならない。しかし他方，道徳的原理は社会的側面と心理的側面をもっている。したがって，同一の行為の過程も，社会全体の中で何をもたらすかという観点，すなわち行為の社会的要求やそれと関連する目的・価値・内容・結果の観点と，それに関係している個々人についての観点，すなわち行為の様式・方法・手段・過程の側からの観点から，総合的に捉えて考察されねばならない。

　道徳的原理が普遍的であらねばならないのと同様，学校の基底にある倫理

的原理も，実社会のそれとは別個のものであってはならない。デューイによれば，学校は，すべての共同社会生活の基本原理を典型的に反映し，組織するような社会共同体として捉えられねばならず，またこうした「萌芽的な縮図共同社会学校」としての学校観が，教授方法と教材の両方へと適用されねばならないのである。

　他方，一定の道徳的理想が実現されるのは道徳の行為者としての子どもを通してである。そこで子どもの活動，欲求，動機，関心などの心理的側面についての究明が必要となるが，一般にこれらの心理的側面は性格の問題として捉えることができる。デューイによれば，性格とは実行力，知的判断力，情緒的感受性の三契機の有機的統合であり，道徳教育においてはこれら三契機の教育的可能性を高めることが目的となる。実行力を高めるためには，自発的な本能や衝動を生かし，能動的な構成力を働かせ，独自な結果を達成するのに十分な機会が子どもに与えられねばならない。次に知的判断力を高めるためには，絶えず判断を形成し，それをテストする機会が子どもに提供されねばならない。最後に情緒的感受性を高めるためには，共同社会生活の中で子ども同士の自由な交流，及び教師と子どもとの協働関係が発展する機会が子どもに用意され，豊かな美的情緒的感応が保障されねばならない。

　このように，デューイは道徳を生活そのものの在り方の問題として捉え，子どもたちの従事する活動の知的社会的意味を実験的に把握させることによって道徳性を発達させようとした。またそのために，学校は共同社会生活の条件を備え，1 つの社会的目標をもち，典型的な社会的状況の素材を活用するような連続的活動を導入して，地域社会の日常生活への参加を促す社会的センターとなり，社会生活へ有効に参加する能力を発達させる必要があるとしたのである。

参考文献

田浦武雄（1984）『デューイとその時代』玉川大学出版部。

梅根悟監修，世界教育史研究会編（1976）『道徳教育史 I』講談社。

（細戸一佳）

Q6 芸道，武道などにおいて人格陶冶はどのように関わるのか，説明しなさい

1．芸道，武道における人格陶冶的性格

　学校における道徳教育は，意図的・計画的な指導により担われているが，人間の人格陶冶は必ずしも学校の枠内でのみ行われるものではない。例えば，徒弟制度のように，弟子が師匠の家に住み込んで雑用全般をこなしながら，修行することによって，師匠の生活世界に丸ごと入り込む形がある。その際，師匠は弟子に「教える」のではなく，弟子は師匠を模倣する。あるいは師の芸を盗む。しかもその模倣は，スキルの模倣にとどまることなく，師の生き方全体を模倣するのである。すなわち，その世界に生きるための作法の中に，人格陶冶的な要素が自然に組み込まれている。

　現代においてもその性格が残るのが，芸道や武道などの世界である。芸道や武道における人格陶冶的性格が他と異なる点は，その独特なしきたりと歴史的背景，業界としての崇高さをもつことであろう。

　芸道とは，中世および近世に伝承され，定型化された多くの日本芸能に関して，その芸の在り方や芸修業，伝授の規範と対象をいうときに用いられる。芸道の語は，日本の芸が心身の精進，鍛錬，修業によって，その修証を得るという芸の神秘観と実践得悟の方法を示すものと言える。世襲によって伝承された家芸としての奥義や型の稽古学習をその内容とするが，それらは秘事とされた。

　武道とは，武士道の伝統に由来する我が国で体系化された武技の修練による心技一如の運動文化で，柔道，剣道，弓道，相撲，空手道，合気道，少林寺拳法，なぎなた，銃剣道などがある。これらの修練を積むことにより，心技体を一体として鍛え，人格を磨き，道徳心を高め，礼節を尊重する態度を養う，国家，社会の平和と繁栄に寄与する人間形成の道である。

２．伝統芸能，武道における「型」

　伝統芸能の世界には，「守・破・離」という言葉がある。師匠はまず弟子に基本形としての「型」を繰り返し教え込む。やがて弟子は師匠から継承された「型」を破り，その枠から飛び出し，ついには「型」から離れることで，独自の世界観を確立することができる。基礎・基本となる「型」の習得なしに，先人の世界の業績を飛び越して独自の世界観を想像することは不可能なことだとされる。

　例えば，中世の芸能の能楽や茶の湯，近代の武道などは，いずれも身体を使う芸であり，それぞれに「型」でもってする身体訓練が徹底している。そして，態や技に留まらず，修練が日常の生活まで徹底されている。能楽では身体で演技し，まさに身の芸を見せる。観客に感動を生んで，花を咲かせなくてはならない。茶の湯は，演技ではないが，小間の茶室で亭主も客も否応なくその所作が互いに見られており，その所作がその場の「一座建立」を作り上げる。客人も亭主も，自身の心を十分に働かせつつ所作することになる。茶の湯にはそれぞれの所作の「型」があるが，型に従えば，それなりに身と心が働く動きになっていくのである。近代の弓道の稽古においても，足踏み，胴造りをしっかりして全身一体で動けるよう心を働かせている。射法八節の形の稽古によって身に付けるのである。

　以上のように，動きはそれぞれ異なるが，芸道や武道を修練する者は，それぞれの「型」を稽古することにより，自らの心を働かせて身を動かすように陶冶されてくる。しかもその動きは，例えば観劇に来た観客など，相手とのその都度の場にふさわしいように深めていかなければならない。

　例えば柔道においては，力づくで投げるのではなく，相手の力を利用して投げることが求められる。弓道の場合であれば，弓に合わせて無理なく引き分けるべく稽古をする必要がある。いずれもそれらを極めようとすると，心身一如の高度なあり様が求められる。そうしてそれぞれの技の稽古は，さらには日常生活から身と心のあり様を鍛錬することへと徹底する。

3. 人間の精神と人格陶冶との関連

　ここまで，芸道や武道など，技芸を追究する中で心身が変容し真理の一端に触れ得る，という日本ないし東洋的な思想に基づいた人格陶冶の側面について言及した。しかし，感性に基づいた美的な判断と，倫理・道徳的な判断とを関連付けて論じられてきたのは，西洋の思想においても同様である。

　例えば，18世紀ドイツの思想家シラー（J.C.F.v. Schiller）は，道徳的人間の育成と理想的国家を目指し，「美的なもの」のもつ調和的な作用による全人教育を想定した。このような，シラーの美的陶冶の考え方は，芸術領域に限定されたものではない。美的体験を契機として，感性は独りよがりの自己を戒め，道徳的な状態を惹起する。人間を道徳的かつ理性的な存在へと高め，内的調和の保たれたアイデンティティーを備えた存在にすることを，美に期待したのである。

　近代以降，物事が理にかなっている（合理的である）かどうかの基準は，科学的に真偽を問うことができるかどうかの基準と同一視された。そのため，科学的合理性・道徳的合理性・美的合理性という３つの基準のうち，高度な普遍性を獲得し得たのは科学的合理性のみであった。しかし現代において，科学技術文明の危機や限界が明るみに出始め，これまでの価値観は信憑性を失いつつある。そのような状況の中で，「美的なもの」のもつ，他の２つの合理性領域に対する調和的な機能へ期待が高まっている。

　ただし上記の期待は，合理性を調和的に補完するという，ある意味で副次的な効果である。東洋的な思想・西洋的な思想いずれにしても，人格陶冶において美的・感覚的なものは欠かせないものである。そのように考えると，人間の陶冶・人間形成の過程やイメージそのものを，根本的に再考する時期であると考えることもできるだろう。

参考文献・URL

西平直（2019）『稽古の思想』春秋社。

魚住孝至（2016）『道を極める──日本人の心の歴史』放送大学教育振興

会。

日本武道協議会「武道の理念」https://www.nipponbudokan.or.jp/shinkouj
igyou/rinen（2020年6月30日閲覧）。

（前田舞子）

第4章

道徳教育の歴史

Q1 近世日本の道徳思想について，身分制度に着目して説明しなさい

1. 政治的実践としての道徳

　歴史上の時代区分としての近世の開始には諸説あるが，ここでは幕藩体制の成立をもってその開始とする。近世は身分制度が固定化した時代である。教育史における近世の特徴としては，公権力が教育のもつ意味を自らの政策の中で自覚したということが挙げられる。それにより教育の組織化や制度化が幕藩領主層にほぼ共通の認識となり，藩校の設置や拡充につながっていった。為政者によってある政策がとられる場合，それを受け止める側の思想への着目が必要である。そこで「民衆」の社会を「農民」「町人」「武士」の3区分にわけ，それぞれの道徳思想をたどる。

2. 農民の道徳

　最大の被支配層である農民に対し，幕府はさまざまな規制をかけることで農民を土地に縛りつけた。農民からの年貢が幕府の財政基盤だったからである。そして，農民が忠実に義務を遂行するよう，相互監視の仕組みを整備していく。農家数戸を単位とし，連帯責任を負わせて相互に監視させる五人組制度や，年貢を村全体で請け負い，個人に割り当てる村請制である。

　犯罪や年貢未納を防ぐ相互監視のシステムは，農民による農村の自治的な

運営に支えられていた。江戸時代の多くの農村では，本百姓（地主・自作農）の中から有力者が名主や組頭，百姓代などと呼ばれる村役人となり，他の本百姓や水呑百姓の管理を行った。入会地や灌漑施設は共同で管理し，田植えや稲刈りなども協力していたため，家の中の団結だけでなく，村の秩序・維持を目的とした集団内の円滑な関係づくりが農民道徳の基礎となった。

　農民の団結は，政治権力（幕府・藩・領主）が不当な支配をしたときの改善要求の母体ともなった。その直接行動が百姓一揆や打ちこわしである。一口に一揆と言っても，江戸時代初頭の倒幕を狙う武力蜂起から，村役人が代表して領主に直訴する代表越訴型などその形態は多様であるが，義民の存在や，農民が団結して立ち上がる惣百姓一揆からは，不正を許さない社会正義の観点や，家族愛，友愛，信頼などの道徳思想を看取することができる。

3．町人の道徳

　職人と商人は城下町に住むため，両者を合わせて町人と呼んだ。町人の住む町内の運営組織は農村と極めて類似している。城下町には町人が住む区画（町方）が定められており，「町」と呼ばれる組織が多数存在していた。それぞれの町には，管理層（町名主・町役人）がおり，町掟を定めて町人の自治を請け負っていた。そのため，農村と同じく集団生活に必要な他者への接し方，自らの本分を守る義理や正直さ，更には倹約などの道徳的事項が発達した。また，町人に説かれた家職家業への忠誠という観点は，家への献身的態度を物語っている。「町人の哲学」とも呼ばれる石田梅岩による石門心学は，倹約や正直，堪忍などの思想を町人に定着させ，武士階級の特権であるとされていた道徳を，普遍的な人間の道として拡大すべきであるという反省をもたらした。石門心学は，18世紀の終わり頃には，道話，道歌，子守歌など民衆に受け入れられやすい形態をとっていっそう普及したが，普及に伴い，当初の思想的厳格さは失われ，処世訓の提供という方向に性格を変えていった。

4．武家の道徳

　近世の身分制度において，武士は唯一の支配階級である。苗字や帯刀など
の様々な特権をもち，農工商の上に君臨した。皇族や公家，上層部の僧侶・
神主なども武士に準じた扱いを受けたが，幕府は朝廷に対し厳しい統制を敷
いた。その政策は，京都所司代による動向の監視や，禁中並公家諸法度を定
めて芸能や学問に専念させ，政治的な動きを禁じたことに代表される。

　封建道徳を踏襲する幕藩体制も武家の道徳を理解する重要な政治システム
である。幕藩体制は，将軍（幕府）と大名（藩）が強大な領主権によって人
民と土地を支配するシステムであり，上下の役割，すなわち君主に対する忠
義と親に対する孝行を重視する。幕府と諸藩の関係で言えば，藩内の政治に
干渉しないことを前提とし，一国一城令を出して軍事拠点を縮減させ，諸藩
が幕府に抵抗できない仕組みを作り上げた。武家諸法度や大目付，さらには
参勤交代などもこの発想による制度である。このような統治システムは藩内
でも機能し，過ちを犯すものは容赦無く罰を受けた。それゆえ武家において
は，日常生活や諸行事・儀式における適切な振る舞い，言葉遣いなどを教え
る躾が重視された。その際参照されたのは，主家への忠義を重んじ，親への
孝行を説く儒学である。とりわけ，道徳や礼儀による社会秩序の維持を説く
朱子学が，藩校や私塾で教えられた。

5．個人的実践としての道徳

　以上の論述には，次の2点の限界がある。第一に，定義によっては300年
以上ある「近世」をひとまとまりに論じることの困難に由来する限界であ
る。道徳が時代や文化の変容に応じた，可変的なルール（規範）であるなら
ば，幕藩体制がいかに安定したシステムであったとはいえ，その内実は多様
であっただろう。第二に，身分制度に着目することで，地域差という視点が
抜け落ちている点である。土着の道徳思想という視点から，「近世の道徳」
をいかに描き直すことができるかが問われている。

参考文献

今井淳（1966）『近世日本庶民社会の倫理思想』理想社。

辻元雅史（1992）『近世教育思想史の研究』思文閣出版。

和辻哲郎（1979）『日本倫理思想史』上・下〔改版〕，岩波書店。

（山田直之）

Q2 明治期の道徳教育について，修身に着目して説明しなさい

　日本開国の任務を背負うペリーが来航し，わずか15年で江戸幕府が倒れ，明治政府が誕生した。国内に目を向ければ，近世において固定化された身分制度が終焉を迎え，民衆が躍動する時代が到来した。短期間で近代国家としての日本をつくりあげるにあたり，近代学校制度の果たした役割は大きく，その中でも国民道徳の実践，徳性の涵養を目的とした科目である修身の役割は絶大だった。以下では，日清・日露戦争を経て朝鮮を植民地とし，第一次世界大戦へと突入する中での，修身の変遷に着目する。

1．学制と修身

　明治新政府になると，身分制度の廃止に象徴されるように，封建的諸制度は次々と撤廃された。このような中，文部省は1872（明治5）年に，全109章からなる「学制」を発布する。学制は，欧米先進諸国の教育制度を模範に近代教育制度全般について企画し，将来への構想を示したものであった。したがって，明治維新当初の皇道主義的な教育思想とは性格を異にしていた。

　学制における「修身」に関する規定については第27章で「教則別冊アリ」と記されており，別途「小学教則」が制定された。「修身解意」に相当する「修身口授（ギョウギノサトシ）」には，「民家童蒙解」「童蒙教草」「勧善訓蒙」「修身論」「性法略」などを用いて，教師が「説諭」「講述」「講授」することが示されている。これらの図書はいずれも「翻訳教科書」と呼ばれるもので，欧米の書籍の訳書である。現在の教科書とは異なり，児童一人ひとりが携えるものではなく，「教師用講述教科書」と呼ばれる教師のためのものだった。

　このように見ると，学制というシステムをはじめとし，そこで扱われた修身の教科書など，当時の教育全般が欧米由来のものに見える。しかし，「修身口授」という名称が示しているように，「口授」によって人間形成が行わ

れるという形態は，たしかに欧米の教授法の一種として紹介された事実もあるが，近世来の日本の民衆教育の教授法を多分に踏襲したものであった。その意味で「修身口授」は，内容面では欧米教育，方法面では日本の伝統の継承という，両者の折衷として成り立っていた。

　これらの教科書のうち，各府県の教則に示されることが最も多かったのが『童蒙教草』である。『童蒙教草』は福澤諭吉の手による翻訳書（図4-2-1）

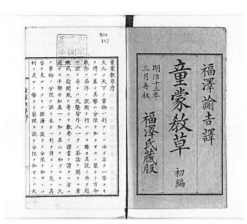

図4-2-1　福澤諭吉訳『童蒙教草』（初編1）
（出典：国立国会図書館デジタルコレクション）

で，初編3冊，2編2冊の計5冊からなり，初版は学制制定と重なる1872（明治5）年である。原著はイギリスの「チャンブル」が著した「モラルカラッスブック」（The Moral Class book）とされる。この本の序文で福澤は，西洋に対する諸説の正しい理解および西洋の諸学に対する学びの導入になることを目指したと述べている。

『童蒙教草』は全29章からなる。各章に主題が掲げられ，その趣意の解説が記載されている。また，それらの道徳的事項が逸話や寓話の形で紹介された。具体的には，「動物を扱う心得の事」という生命尊重に始まり，人々との交際に関する心得，労働に関する心得，学問に対する心得，自らの心に関する心得などが並ぶ。寓話には「蟻と螽斯の事」をはじめとしたイソップ物語が含まれており，『童蒙教草』は日本で最初にイソップ童話を紹介した著作とも言われている。

2.「教育令」及び「改正教育令」下での修身

　「学制」は，日本の伝統的教育を受け継いだ側面もあったが，基本的には欧米からの直接的な模倣による教育の輸入と捉えられ，教育内容の実生活か

らの乖離や，教育費の負担等が，国民の教育に対する不満を生じさせた。これらの不満を契機とし，現実の国民生活に即した教育制度を構想する「教育令」（1879〔明治12〕年）が公布される。「教育令」は「学制」の中央集権的性格を緩め，地方分権的な性格への転換を図るもので，当時隆盛していた自由民権運動と結び付き，「自由教育令」とも称された。ただし，学制と教育令はともに，修身の位置付けや取り扱いを重視するものではなかった。

　明治天皇やその側近は，修身を重視しない政府の教育政策に対し疑念をもち，それが元田永孚の起草した「教学聖旨」（1879〔明治12〕年）へとつながった。教学聖旨は，当時の教育が知識才芸を重視して，仁義忠孝を軽視していると説き，いわゆる儒教主義に基づく教育の再考を訴えるものであった。元田の儒教を中心とした仁義忠孝を根幹とする修身の在り方は，時の内務卿伊藤博文と激しく対立し，論争を巻き起こした。

　これらの論争を経て，1880（明治13）年の教育令改正では，修身は小学校教科の首位におかれ，儒教主義に基づく修身教科書の編纂・発行が実施された。しかし，この時期の修身は，内容や方法についての理念が明確でなかった。修身の理念にはっきりとした内容を与えたのが，1890（明治23）年に発布された「教育ニ関スル勅語」（教育勅語）である。

3．教育勅語の役割と国定修身教科書

　教育勅語は，教育の根本を皇祖皇宗の遺訓に求め，忠孝の徳を国民教育の中心に据えた臣民の最高規範集である。儒教主義道徳と近代市民道徳の両面をあわせもつ性格を有しつつ，道徳の源泉を国体に収斂させていく役割を果たすとともに，1877（明治10）年ごろから各界で論争を引き起こした道徳教育をめぐる諸議論を収束させる役割を果たした。教育勅語の文言とその趣旨を解説する「衍義書」が，教科書検定制度のもと，検定教科書として中学校，師範学校において使用されるようになり，日本の教育の根幹としてこれ以降の教育に大きな影響を及ぼしていくようになる。

　1886（明治19）年の第一次小学校令による検定教科書制度は，帝国会議の度重なる議論や教科書採択をめぐる贈収賄などの不正行為の発覚により，

1904（明治37）年に施行された第三次小学校令の改正案から国定に変更された。この時期に国定に指定された教科は，修身，日本歴史，地理，国語読本であった。教育勅語発布後の検定修身教科書は，教育勅語に基づく修身の展開とその教科書の編纂が求められたため，基本的に教育勅語の内容に基づく徳目によって構成された。一方，第一期国定修身教科書では近代市民道徳が強調され，基本的人権も取り上げられている。これらの理念のもとで，児童の日常生活における個人的な道徳や人間関係における道徳が主題化されている点が特徴である。

　しかし，日露戦争後の1910（明治43）年から使用された第二期国定修身教科書になると，近代市民道徳は大きく後退し，かわって儒教的家族倫理が強調される。「忠」や「孝」がさまざまな形で登場し，第二期で新たな課として「忠君愛国」が加えられるなどしたことがその象徴と言えよう。

4．修身と社会との関係

　改めて言うまでもなく，教育は一方で社会を創り出す側面があり，他方で社会の要求によって創り出される側面がある。本節の論述をさらに豊かにするためには，次のような批判が必要であろう。すなわち，修身をめぐる制度の変遷への着目は，政策を受け入れる社会の側の分析という視点をもってより豊かになる。明治期の道徳教育に関わる政策を躍動させた共通了解は何であったか。そして，その共通了解の生産と受容のメカニズムは，どのようなものであったか。

参考文献

江島顕一（2016）『日本道徳教育の歴史——近代から現代まで』ミネルヴァ書房。

海後宗臣（1962）『日本教科書体系〈近代編第3巻〉修身』講談社。

（山田直之）

Q3 明治期の道徳教育と大正期の道徳教育の，連続と非連続について説明しなさい

1．明治期からの連続としての道徳教育―国定修身教科書

　大正期の学校教育における道徳を担った修身は，第一次世界大戦の勃発と呼応して一層の充実が求められた。1917（大正6）年に設置された「臨時教育会議官制」による第2回答申（同年12月）では，小学校において道徳教育を徹底することで児童の道徳的信念を確固たるものにし，「帝国臣民」の基礎を養うことの必要性が謳われている。国定の教科書使用の意義と役割が強調され，内閣直属の機関が道徳教育と国定修身教科書の編纂に一層力を入れることが要請された。ただし，これらの答申は修身に関する制度や規則に関して改革を求めるものではなく，明治期の制度と地続きで教科書の改訂がなされていたことを示している。

　したがって，大正期唯一の改訂である第三期修身教科書においても，文部省主導で改訂作業が進められた。1912（明治45）年，文部省は，高等師範学校や府県の師範学校に対し，附属小学校における国定教科書使用の意見報告を求めた。さらに1916（大正5）年には，国定教科書の内容の画一化の弊害を避けるため，修身と読本について懸賞金付きの募集を行った。こうして出来上がった『尋常小学修身書』は，全6巻からなり，1918（大正7）年4月から1934（昭和9）年まで使用された。

　内容面で注目すべきは，全巻にわたり，文体が口語体に改められた点である。また，第一次世界大戦が終わりに近づき，平和主義思想の隆盛を受けて，国際協調の重要性が強調された点も見逃せない。第二期と比べ，家族に対する「孝行」の記載や，個人的な道徳に関する内容が減少し，「国交」「憲法」といった国家や社会に関する道徳的事項が増加している。ただし，第一学年から第三学年までは一貫して教育勅語に示された諸徳目が繰り返し掲載されるなど，内容面に関しても明治期からの連続性が見られる。

2．明治期からの非連続としての道徳教育：大正自由教育による多様な方法の出現

　第一次世界大戦後の日本では，大正政変をきっかけに世論の力が増大した。これと連動して，大正デモクラシーと呼ばれる，自由で民主主義的な気運が高まった。自由で民主主義的な思想は教育にも反映され，子どもの個性的で自発的な活動を取り込もうとする大正新教育（大正自由教育）が展開された。大正新教育は，明治期の画一的・形式的な注入教授を批判し，個々の子どもがもつ自発性を教育の原理とすべく，さまざまな新しい試みを開花させた。その主な担い手は都市部の新興私立学校であり，芸術家たちの教育参加にも注目が集まった。同時に，旧来の師範学校附属学校でも，子どもの興味や関心に根ざした実験的な教育改革の試みが登場する。これらの「新学校」では，一方で欧米からの新たな教育理論が紹介・導入され，他方で日本の「伝統」を再発見しながら，新しい教育方法が模索された。

　1921（大正10）年に東京高等師範学校で開催された「八大教育主張」をはじめとし，そこに登壇した千葉師範附属小学校（手塚岸衛）の「自由教育」，明石女子師範学校（及川平治）の「分団式動的教育法」，成城小学校（小原國芳）の「全人教育論」，その他，奈良女子師範附属小学校（木下竹次）の「合科学習」，東京高等師範学校附属小学校（芦田恵之助）の「随意選題綴方」，西洋画家の山本鼎による「自由画教育」，作家の鈴木三重吉による「赤い鳥」運動などが，各地の教育に大きな影響を与え，修身に関わる教育方法についても刷新が図られた。

　とりわけ教育方法に影響を与えた視点として，経験科学が大正新教育の思想と適合した点が挙げられる。経験科学に基づいた教育提言は，子どもや教育の本性について「実証的」に明らかにし，それに基づいてカリキュラムや教育方法を再構想するという特徴を有している。例えば成城小学校の校長，澤柳政太郎は，修身を行う時期に着目し，尋常小学校4年生以上で行うべきことを提言した。澤柳の修身改革論は子どもの発達段階に着目したものであり，そのメカニズムの解明からカリキュラムや方法を再考した好例である。

これを皮切りに，特別に修身の時間を設けないとする提案や，独学を基本とする修身，グループ学習の原型を用いた修身など，多様な試みが現れた。

3．大正期の道徳教育を理解するためのさまざまな二項対立図式

　ここまで，大正期の道徳教育の特質を連続と非連続という視点から把握してきた。国定の教科書を使用するという連続，思想や方法に関する非連続である。ただし，こうした理解に対しては，次のような反論も考えられよう。国定の教科書とはいえ重要なのは内容なのだから，明治期の道徳教育とのつながりで言えば，結局，連続，非連続という二項対立は成り立たないのではないか，という反論である。

　修身にとどまらず，大正期の教育を理解する際には，目的や理念，方法それぞれについて，さまざまな二項対立図式を用いた説明が試みられてきた。例えばヘルバルト主義を明治期の教育に代表させ，それを西欧の教育思想と見立てて，東洋の教育思想を対置させるもの。明治期の教育を教師中心・教材中心の注入式，画一式教授と捉え，それに対置する思想として，ゲオルグ・ケルンシュタイナー（G.M. Kerschensteiner）の労作教育や，モンテッソーリ教育，ジョン・デューイ（J. Dewey）の経験主義教育，ヘレン・パーカースト（H. Parkhurst）のダルトン・プランなどを，子どもの学習を基軸とする教育として理解するもの，などである。

　重要なのは，大正期の道徳教育を理解することにより，未来の道徳教育をいかに展望するかである。連続と非連続は，その手段としての思考枠組みであり，現代の道徳教育を正当化している思考法を検討する契機に他ならない。

参考文献

江島顕一（2016）『日本道徳教育の歴史——近代から現代まで』ミネルヴァ書房。

海後宗臣（1962）『日本教科書体系〈近代編第3巻〉修身』講談社。

教育史編纂会（1939）『明治以降教育制度発達史　第5巻』竜吟社。

（山田直之）

Q4　昭和前期（第二次世界大戦終結まで）には道徳教育にどのような変化が起きたか，そして今日の道徳教育観とどう関わっているか，説明しなさい

1．戦争に向かう日本社会と教育を通した国民統制

　Q3で取り上げられたように，大正期には道徳教育においても自由で民主主義的な雰囲気が見られた。だが大正末期以降，とりわけ昭和前期においては第二次世界大戦へと向かう時代状況の中で，道徳教育もまた変化することとなり，それが今日においても道徳教育への警戒感を生み出す原因となっている。以下ではこの時期にどのような変化が起きたのか確認してみたい。

　大正の末期には，深刻化する社会問題の解決を目指して社会主義を実現しようとする動きが活発化し，その対策として1925（大正14）年に治安維持法が成立することとなった。さらに昭和期に入ると人々の生活はますます困窮し，社会制度とそうした社会体制を支える国家体制への反発が高まるが，逆に教育を通して人々を国家体制に従わせようとする動きも進行する。

　1931（昭和 6 ）年に満州事変が起きると日本は中国大陸での軍事活動を本格化させ，さらに1933（昭和 8 ）年には国際連盟からも脱退することとなった。それ以降，日本は国際的孤立とアジア太平洋地域への進出に向かうのだが，こうした状況下，1935（昭和10）年に政府は「国体明徴に関する政府声明」を出し，国家の統治権が天皇にあることを明確化しようと試みた。そして同年，この声明の趣旨に基づき教育機関への国家統制を進めようと「教学刷新評議会」が設置されると，その活動を受け1936（昭和11）年には文部省から『国体の本義』が刊行されている。同書は日本の体制があくまでも「万世一系の天皇」を中心に築かれたものであることを明確化しようとするものであり，小学校から大学までの各学校で教育に用いられることとなった。

その後，1938（昭和13）年には国内のすべての人的・物的資源を政府が自由に運用することを可能とする「国家総動員法」が制定されるなど，満州事変以来長期化する日中戦争を支えるためにも，天皇を中心とした国家体制の強化と戦争への国民の協力を目的とした政策が進められた。そして1941（昭和16）年には太平洋戦争が始まり，日本は本格的な戦時体制へと突入する。

　こうした社会・政治情勢の下，1941（昭和16）年には新たに「国民学校令」が公布されるとともに，教科に関しても大きな再編が行われた。例えば算数と理科は合わせて理数科となり，音楽，習字，図画，工作は（女子の場合には裁縫や家事とともに）合わせて芸能科となり，修身は国語，国史，地理と合わせて国民科に統合された。こうした動きに合わせて行われたのが，1934（昭和9）年と1941（昭和16）年に行われた修身科教科書の改訂であった。

2．国定教科書の改訂と内容上の変化

　1934（昭和9）年以降，第四期の国定修身科教科書の使用が開始されるが，同教科書では天皇への忠誠を誓う臣民の道が強調され，忠君愛国的な生き方を子どもたちへ求める内容が増加した。その結果，国民の務めとして戦争への参加や被害への覚悟までもが求められるようになっている。だが，天皇への忠誠は必ずしも強制的なかたちで求められたわけではない。子どもたちには「いえ」という観念の大切さがまず教えられ，そうした共同体観念を前提とした結び付きとして，親と子ども，先生と生徒，天皇陛下と国民といった上下関係が「あるべきもの」や「自然な関係」として学ばされていったのである。

　もっとも，この時期に国家主義的な色彩を強めたのは修身科だけではない。例えば国語の教科書においても，国語は民族的なものと結び付けて説明され，民族の言語，国民の魂の宿るものとして強調されている（唐沢1956，453頁）。修身科教科書の変化は，あくまでも社会全体や政治の変化を受け，教育の変化の一部として生じたものなのであった。

　さらに1941（昭和16）年の第五期国定修身科教科書では軍事色がますます強められている。そもそも国民科へと統合された修身，国語，歴史，地理

といった教科はアイデンティティや世界観の形成につながる教科であり，総力戦体制の中でもそうした苦境に耐え，戦争の遂行に全面的に協力するような国民を育て上げるという意図をもって教科書が編纂されていた。そうした中で修身科においても，日本の戦争を正当化し，戦争の遂行に協力する姿勢を生み出すための極端とも言える内容が取り入れられるようになった（図4-4-1参照）。さらにこの時期，例えば音楽科でも唱歌を通じて天皇に関する神話や戦争を正当化するような世界観を子どもたちに伝える試みなどが行われていた。

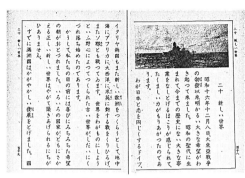

図4-4-1　「新しい世界」『初等科修身4』
（第五期国定教科書）
（出典：国立国会図書館デジタルコレクション）

こうした変化は教科書に登場する人物の属性からも読み取れる。例えば，初期には多かった西洋人は第五期にはその割合を大きく減らし，逆に軍人と天皇・皇室の登場頻度が急増している（表4-4-1参照）。

表4-4-1　国定修身教科書に現れた人物の属性と全教材中の登場頻度

	西洋人	東洋人	日本人								
	政治家 実業家 学者 社会事業家 軍人	君主 政治家 学者	軍人	武士 武人	社会事業家 社会教化者	学者 芸術家	勤労者	実業家	為政者 役人 官僚	天皇 皇室
第一期	23.8%	1.25%	2.5%	11.3%	8.8%	10.6%	2.5%	3.8%	19.4%	16.2%
第二期	7.2%	0%	4.1%	15.6%	11.4%	20.1%	5.2%	6.2%	19.1%	11.4%
第三期	8%	0%	7.8%	13.2%	12.7%	20.7%	6.9%	6.9%	12.6%	11.4%
第四期	5.6%	1.1%	8.4%	13.5%	12.4%	20.7%	9%	6.7%	11.2%	11.2%
第五期	1.9%	1.9%	12.1%	14.4%	17.3%	20.2%	1.9%	1.9%	7.1%	21.2%

（唐澤，1956，別冊の第三表より筆者作成）

3．昭和前期の（負の）遺産としての道徳教育への警戒感

　昭和前期は天皇を中心とした国家体制の強化が進められた時期でもあった。その重要な手段とみなされたのが教育であり，そうした中で修身科は天皇中心の国家体制や忠君愛国的な生き方を正しいものとして子どもたちに学ばせ，最終的には戦争を正当化し，その遂行に協力する姿勢を生み出そうする役割を担ったのである。昭和前期におけるこうした変化は修身科のみに限られたものではなかったが，修身科の（修身科も）果たしたそのような役割ゆえに，今日もなお「道徳教育」は人々の警戒感を招き続けているのだろう。

参考文献

江島顕一（2016）『日本道徳教育の歴史：近代から現代まで』ミネルヴァ書房。

唐澤富太郎（1956）『教科書の歴史』創文社。

（鈴木　篤）

┃Q5　戦後の道徳教育改革について，社会科，全面主義道徳，特設道徳論争を踏まえて論じなさい

1．社会科における道徳教育

　戦後の道徳教育改革は，教育勅語を理念とする教育体制の排除と，平和と民主主義を基調とする教育体制の建設から始まる。同時期に，文部省によって新たな公民教育が構想されたものの，CI&E（民間情報教育局）の方針と相いれるものではなかった。その後，新設された社会科を中心として道徳教育が実施されることになった。

（1）「教育勅語」の排除と「修身科」の撤廃

　1945年9月，文部省は「新日本建設ノ教育方針」を発表し，戦後日本の学校教育の基本方針と改革案が提示された。さらに同年12月，CI&Eは「修身，日本歴史及ビ地理停止ニ関スル件」を発令し，かつての修身科は停止されることになった。その後の1948年6月に，衆議院では「教育勅語等排除に関する決議」が，参議院では「教育勅語等失効確認に関する決議」がそれぞれ可決され，「教育勅語」を理念の支柱とする教育体制が終了するとともに，修身科についても完全に撤廃された。

（2）公民教育構想

　1945年11月，文部省に「公民教育刷新委員会」が設置され，新たな時代における公民教育の在り方が示された。同年12月に出された答申には，「道徳ハ元来社会ニ於ケル個人ノ道徳ナルガ故ニ…（中略）…ソノ徳目モ現実社会ニ於テ実践サルベキモノトナル」と記されており，道徳と現実社会のつながりが重視されていた。また答申には，「修身ハ『公民』ト一本タルベキモノデアリ，両者ヲ統合シテ『公民』科ガカクリツサルベキデアル」と記されているように，戦後の公民教育は，戦前の修身と公民を結合したものとして構想されていた。しかし，こうした公民教育構想は，CI&Eが発令した「修身，日本歴史及ビ地理停止ニ関スル件」と相いれるものではなかった。結果

として，社会科の設置という新たな方針に取って代わられることとなった。

（3）社会科による道徳教育

1947年3月，文部省から『学習指導要領一般編（試案）』が出され，教師の手びきとして役割を担った。同年5月には小学校の『学習指導要領　社会科編Ⅰ（試案）』，6月には中学校の『学習指導要領　社会科編Ⅱ（試案）』が出され，9月から社会科が開始されることになった。この社会科の役割は，「青少年に社会生活を理解させ，その進展に力をいたす態度や能力を養成すること」とされ，その社会生活の理解には，「人と他の人との関係」，「人間と自然環境との関係」，「個人と社会制度や施設との関係」を理解することが重要であるとされた。こうした社会科で意図された新しい道徳教育は，児童の生活現実に即した問題解決学習を通して，社会生活の理解と市民的な態度・能力の総合的な育成を目指すものであった。しかし，それは合理的に問題解決するための社会認識とそれにともなう知性の習得にとどまっており，行動規範を生み出すような道徳的感性や意欲を培えないという批判が起きた。したがって，社会科における道徳教育は次第に空洞化していくことになった。

2．全面主義道徳

1950（昭和25）年8月，第二次アメリカ教育使節団が来日し，第一次アメリカ教育使節団が勧告した教育の成果を視察した。そして，残されたいくつかの問題に関する補足的勧告を，占領軍司令部への報告書として同年9月に提出した。この報告書において，「道徳教育は，ただ，社会科だけからくるものだと考えるのはまったく無意味である」ことや，「道徳教育は，全教育課程を通じて，力説されなければならない」ことが指摘された。すなわち，道徳教育は全教育課程を通じて行うべきであるという，全面主義道徳が強調された。また，翌1951（昭和26）年1月に出された教育課程審議会の「道徳教育に関する答申」では，「道徳教育は，学校教育全体の責任である」と明言し，「道徳教育振興の方法として，道徳教育を主体とする教科あるいは科目を設けることは望ましくない」という見解が示され，最終的に全面主

義道徳教育の立場が示された。

3．特設道徳論争

第二次アメリカ教育使節団の報告書を契機として，社会科と道徳教育との関係をめぐる議論が展開されていくとともに，道徳教育の強化を意図した教育政策が推進されていく。その後，1958年10月に改訂された『学習指導要領』によって，教育課程上に「道徳」という領域が新設された。しかし，こうした「道徳の時間」の設置については，その是非をめぐって激しい論争が交わされることとなった。

（1）「道徳の時間」特設に至る歴史的経緯

1956年3月，文部大臣の清瀬一郎から教育課程審議会に「小学校中学校教育課程ならびに高等学校通信教育の改善について」諮問がなされた。このとき，中等教育課程分化審議会では，委員の多くから，修身科に代わる教科の設置を求める意見が出されたものの，文部省は否定的な見解を示していた。しかし1957年8月，文部大臣に就任した松永東が，記者会見において「地理・歴史を社会科の中におりこみ，修身や倫理というものを独立させる方がよい…（中略）…道徳教育を独立教科にしなければならない」と発言したことで，道徳教育を「独立教科」として位置付ける方向性が明確に示されることとなった。

1958年3月には，教育課程審議会から「小学校・中学校教育課程の改善について」答申が出され，「特に道徳教育の徹底」を図るとともに，「新たに『道徳』の時間を設け」ることが示された。この答申を受け，文部省から「小学校・中学校における『道徳』の実施要領について」通達が出され，「道徳の時間」を特設することが明示された。その後，1958年10月に改訂された『学習指導要領』によって，教育課程上に「道徳」という領域が新設されることとなった。

（2）特設道徳論争における批判

日本教育学会は，1957年11月に「道徳教育に関する問題点（草案）」を発表し，日本教職員組合も，1958年8月に「時間特設・独立教科による『道徳』

教育について」を発表し，「道徳の時間」特設への反対の立場を示した。その具体的な批判の１つは，道徳教育の理念と政治との関わりについて問題視する政治的・あるいはイデオロギー的批判である。もう１つの論点は，学校の教育活動全体を通じてた道徳教育か，それとも「道徳の時間」特設による体系的な道徳教育かという，道徳教育方法論と実践に関わるものである。当時の「道徳の時間」特設に対する反対論の多くは，かつての修身科への不信感と徳目主義への批判を基底としつつ，戦後の社会科あるいは生活指導を通じた道徳教育を重視した主張であったと言えよう。

参考文献

江島顕一（2016）『日本道徳教育の歴史──近代から現代まで』ミネルヴァ書房。

貝塚茂樹監修（2015）『文献資料集成　日本道徳教育論争史　第Ⅲ期第12巻』日本図書センター。

河原芽以（2018）「第4章　全面主義道徳から特設道徳へ」田中マリア編著『MINERVAはじめて学ぶ教職12　道徳教育』ミネルヴァ書房，pp.35-41。

藤田昌士（1985）『道徳教育──その歴史・現状・課題』エイデル研究所。

行安茂・廣川正昭編（2012）『戦後道徳教育を築いた人々と21世紀の課題』教育出版。

（宮本　慧）

Q6　「道徳の時間」特設の趣旨と，その後の道徳教育政策の変遷を説明しなさい

1.「道徳の時間」の趣旨

　「道徳の時間」は，各教科，特別教育活動および学校行事等における道徳教育と密接な関連を保ちながら，これを深化，補充，統合し，児童生徒に望ましい道徳的習慣，心情，判断力を養い，社会における個人の在り方についての自覚を主体的に深め，道徳的実践力の向上を図るものとされた。また，その指導法については，児童生徒の心身の発達に応じて，その経験や関心を考慮し，なるべく児童生徒の具体的な生活に即して指導すべきであって，教師の一方的な教授や単なる徳目の解説に終わることのないように，特に注意しなければならないとされた。

　すなわち，道徳教育を学校教育全体で行うという基本方針は従来と変わらないものの，これまで不十分であった道徳教育を計画的に行うことと，道徳性の内面化を図るために，「道徳の時間」が特設されたと言えよう。

2.　資料重視の時代

　1958（昭和33）年に「道徳の時間」が特設されたものの，生活指導のみで十分であると考える教師や，「道徳の時間」を設けていない学校など，当時の道徳教育は，学校・地域間により格差が生じている状況であった。そこで1963（昭和38）年に教育課程審議会から「学校における道徳教育の充実方策について」答申が出され，適切な道徳の読み物資料を積極的に利用することや，教師が道徳の指導を適切に進めることができるように，教師用の指導資料をできるだけ豊富に提供する必要があることが指摘された。この答申に基づいて，文部省から教師用図書である『道徳の指導資料』が刊行され，道徳の時間の指導が，当初の生活重視の傾向から資料重視の傾向に変わっていった。そのなかには，その後の道徳の代表的な資料として長く使用される

読み物資料等が数多く取り上げられていた。

3. 『学習指導要領』改訂と「ゆとり教育」

1968（昭和43）年には小学校の『学習指導要領』, 1969（昭和44）年には中学校の『学習指導要領』が告示された。この改訂の特徴は, 時代の進展に対応した教育内容の導入を目指したものであり, いわゆる「教育内容の現代化」の流れを反映したものであった。そのために, 教育関係者の関心は, 自然科学系の教科内容の増加に向けられてしまい, 結果的に道徳教育の充実への熱は冷めてしまった。とはいえ, 道徳教育, とりわけ「道徳の時間」は, 廃止や軽視されることもなく, 前回の改訂内容を基本的に継承されるかたちで, 教育課程上に明確に位置付けられた。

次の改訂である1977（昭和52）年版では, 「詰め込み教育」を改めるという意味で, 「ゆとり」と「充実」という言葉がキャッチフレーズとして使用され, 教育内容の精選が行われた。すなわち, 広い意味での「ゆとり教育」の流れは, この改訂版から始まることになった。さらに, 1989（平成元）年に改訂された『学習指導要領』では, 道徳教育の目標として, 「生命に対する畏敬の念」や「主体性のある」という文言が加えられるとともに, 「豊かな体験を通して内面に根ざした道徳性の育成」が強調された。

4. 「心の教育」と「心のノート」

1998（平成10）年には, 2002（平成14）年度から実施予定の完全学校五日制を踏まえて, 「ゆとり」の中で「生きる力」の育成をねらった改訂が行われた。この改訂では, 道徳教育の目標としての「道徳性」が, 「道徳的な心情, 判断力, 実践意欲と態度」として言い表された。また, 「道徳の時間」においては, 道徳的実践力を育成する中で, 「道徳的価値の自覚を深め」ることが重要とされた。

その後, 2002（平成14）年には, 小学校及び中学校の「学習指導要領」の施行に合わせて, 文部科学省から『心（こころ）のノート』が全国の小学校及び中学校に配布された。この『心（こころ）のノート』は, 小学校1・

2年，3・4年，5・6年用と中学校用の4種類が出された。

　『心（こころ）のノート』の作成・配布の趣旨は，「子どもたちが身につける道徳の内容を，学校段階や学年に応じて，子どもたちにとってわかりやすく表し，道徳的価値について自ら考えるきっかけとなり，理解を深めていくことのできるものであり，学校の教育活動全体や家庭において活用されることをとおして，道徳教育の一層の充実を図り，子どもたちの『豊かな心』をはぐくもうとするもの」であると記された。また，その特徴として，「子ども一人ひとりが自ら学習するための冊子である」こと，「子どもの心の記録となる冊子である」こと，「学校と家庭との『心の架け橋』となる冊子である」ことの3点が挙げられた。この『心（こころ）のノート』は，教科書ではなく，副読本に代わるものでもない，「道徳教育の充実のために活用される冊子」であり，教員はそれと響き合う教材を開発したり，選択したりすることが大切であるとされた。

参考文献

梅根悟監修，世界教育史研究会編（1977）『世界教育史体系39　道徳教育史Ⅱ』講談社。

江島顕一（2016）『日本道徳教育の歴史——近代から現代まで』ミネルヴァ書房。

勝部真長・渋川久子（1984）『道徳教育の歴史』玉川大学出版部。

藤田昌士（1985）『道徳教育——その歴史・現状・課題』エイデル研究所。

押谷由夫（2001）『「道徳の時間」成立過程に関する研究——道徳教育の新たな展開』東洋館出版社。

（宮本　慧）

Q7 道徳教科化の経緯において議論された課題は平成29年告示学習指導要領解説に基づく実践でどの程度改善されうるか評価しなさい

1．道徳教科化の経緯

　2011（平成23）年に中学生いじめ自殺事件が社会問題となったことから，教育再生実行会議では2013（平成25）年に「いじめ問題等への対応について（第1次提言）」をまとめた。その中でいじめ問題の解決に向けて道徳の特性を踏まえた新たな枠組みにより教科化し，抜本的充実を図ることが求められた。これを受けて文科省に設置された「道徳教育の充実に関する懇談会」は専門の免許を設定せずに原則として担任教師が教科書等を用いて指導し，評価については数値等によらずに行う「特別の教科　道徳」を位置付けることを提言した。そして2014（平成26）年に中央教育審議会から「道徳に係る教育課程の改善等について（答申）」が出され，これらを踏まえて2015（平成27）年3月に「一部改正学習指導要領」と「学習指導要領解説　特別の教科　道徳編」が出された。そして，同年4月からその趣旨を踏まえた取組が可能となり，小学校は2018（平成30）年4月から，中学校は2019（平成31）年4月から「特別の教科　道徳」が完全実施されることとなった。その後，2016（平成28）年7月に出された「道徳教育に係る評価等の在り方に関する専門家会議」の報告を受けて2017（平成29）年7月に「学習指導要領解説　特別の教科　道徳編」（以下，「指導要領解説」）に評価に関する基本方針として，記述式とすること，個々の内容項目ごとではなく大くくりなまとまりを踏まえた評価とすること，子どもの成長を積極的に受け止めて認め，励ます個人内評価とすることなどが追記された。

2．道徳教科化推進論と反対論の論点

　道徳教科化推進論の主な論点として，（1）いじめなどの問題行動を改善す

るために道徳教育を充実させることで子どもの規範意識を高め，公共の精神を育成する必要があること，(2) 従来の「道徳の時間」は他の教科の指導などに流用されて十分に実施されていないため年間35時間の指導を確保する必要があること，(3) 読み物の登場人物の心情理解に留まる画一的な授業になりがちで子どもの発達段階が上がるにつれて授業に対する受けとめがよくない状況が見られるため教師の指導力を高める必要があることが挙げられる。

　道徳教科化反対論の主な論点として，(a) 国家が道徳の内容を規定して子どもに教え込むことで政府に従順で主体性のない国民を育てる危険性が増すこと，(b) 教師が子どもを一面的に捉えて評価を行うことで子どもが教師から評価される表面的な言動を身に付ける危険性が増すこと，(c) 生活指導や特別活動などの生活経験を通して子どもの主体性と個性を尊重しながら実践的な道徳学習が可能であることが挙げられる。

　これらを踏まえた道徳教科化に際して取り組むべき課題として，教科化に反対する人々も含めて可能なかぎり多くの国民が共有できる形で「①道徳教育の基本方針を明確にすること」，教師も子どもも成果を感じられる「②実効性ある指導法を確立し，教師の指導力を向上させること」，道徳の教え込みによる表面的で形式的な言動の強制ではなく，「③子どもの主体性と個性を尊重した多様な道徳学習実現の方策を示すこと」が挙げられる。

3．学習指導要領解説における対応

　前述の課題「①道徳教育の基本方針を明確にすること」について，「指導要領解説」では「道徳科の授業では，特定の価値観を生徒に押しつけたり，主体性をもたずに言われるままに行動するよう指導したりすることは，道徳教育の目指す方向の対極にあるものと言わなければならない。多様な価値観の，時に対立がある場合を含めて，自立した個人として，また，国家・社会の形成者としてよりよく生きるために道徳的価値に向き合い，いかに生きるべきかを自ら考え続ける姿勢こそ道徳教育が求めるものである」とされている。したがって，一定の道徳的価値観が提示されることはあっても，それに対立するものも含む多様な価値観を吟味したうえで，いかに生きるべきか考

え続ける姿勢を育てることが道徳教育の基本方針であると読み取ることが可能である。この点で，課題①についてはある程度改善されると評価できる。

　課題「②実効性ある指導法を確立し，教師の指導力を向上させること」について，「指導要領解説」では道徳科の指導の基本方針として「問題解決的な学習，体験的な活動など多様な指導方法の工夫をする」こと，「道徳教育推進教師を中心とした指導体制を充実する」ことなどが示されている。問題解決的な学習については，「生徒が学習主題として何らかの問題を自覚し，その解決法についても主体的・能動的に取り組み，考えていくことにより学んでいく学習方法」とされ，道徳科では「生きる上で出会う様々な道徳上の問題や課題を多面的・多角的に考え，主体的に判断し実行し，よりよく生きていくための資質・能力を養う学習である」とされている。しかし，「そうした問題や課題は，多くの場合，道徳的な判断や心情，意欲に誤りがあったり，複数の道徳的価値が衝突したりするために生じるものである」と述べられているように，正しい道徳的な判断や心情，意欲があれば道徳的問題は解決可能であるとする見解が見られる。この見解は，一定の価値観を共有する集団で一般に共通了解された解決策が存在する道徳的問題を扱うことを前提としており，多様な価値観の存在を前提に多面的・多角的に考えて問題に折り合いをつける現実問題には適合しない。したがって，「現代的な課題を道徳科の授業で取り上げる際には，問題解決的な学習を活用することができる」とする記述にも見られる問題解決的な学習への過度の期待は結果的に失望につながる危険性もある。また，教師の指導力向上については「協力的な指導などについての工夫」として「校長や教頭などの参加による指導，他の教職員とのティーム・ティーチングなどの協力的な指導，校長をはじめとする管理職や他の教員が自分の得意分野を生かした指導」などを「道徳教育推進教師が中心となって進めることが大切である」とされている。このような組織的で協力的な指導の工夫は，従来から道徳授業の工夫・改善に取り組んできた指導力のある教員が道徳教育推進教師となっている場合には周囲の教師の指導力の向上につながりうる。しかし，指導力のある教員がいない場合には学校外の指導力のある教員等による継続的な指導が必要となる。した

がって，問題解決的な学習の課題については解決可能な既知の問題と未解決な探究課題の区別を行い，探究課題において多様な価値観の存在を前提に多面的・多角的に考えて問題に折り合いをつける学習活動の方法を確立することが改善の条件となる。また指導力向上の課題については指導力のある教員による研修を充実させることが改善の条件となる。

　課題「③子どもの主体性と個性を尊重した多様な道徳学習実現の方策を示すこと」について，「指導要領解説」では「生徒が自らの成長を実感し，更に意欲的に取り組もうとするきっかけとなるような評価を目指すことが求められる」とされ，「道徳科の学習活動に着目し，年間や学期といった一定の時間的なまとまりの中で，生徒の学習状況や道徳性に係る成長の様子を把握する必要がある」とされている。そして，評価に際して「一面的な見方から多面的・多角的な見方へと発展しているか，道徳的価値の理解を自分自身との関わりの中で深めているかといった点を重視すること」とされている。さらに，評価の妥当性，信頼性を担保するために「学年ごとに評価のために集める資料や評価方法等を明確にしておくことや，評価結果について教師間で検討し評価の視点などについて共通理解を図ること，評価に関する実践事例を蓄積し共有すること」を「校長及び道徳教育推進教師のリーダーシップの下に学校として組織的・計画的に取り組むことが必要」とされている。このような評価ができる指導法の確立には，多様な子どもの道徳性の成長を肯定的に見取る力量が教師に求められる。そのような力量を身に付けるには，社会の発展に伴い求められる道徳性が発展し続けることを教師自身が自覚し，自他の道徳性の成長を認め合い励まし合う活動を継続する必要がある。そのため課題③については生涯にわたる道徳性の成長の見通しを示したうえで組織的に教員の道徳性の成長の支援に取り組むことが改善の条件となるだろう。

参考文献

押谷由夫・柳沼良太編著（2013）『道徳の時代がきた！――道徳教科化への提言』教育出版。　　　　　　　　　　　　　　　　　　　（吉田　誠）

第**5**章

諸外国の道徳教育

▌ Q1 アメリカの道徳教育の特徴について説明しなさい

　アメリカでは，学校教育は州の専管事項であり，義務教育の枠組みや教育課程などは各州の教育法で定められている。したがって，「道徳」という授業がアメリカ中の学校で共通に行われているわけではない。それを踏まえた上で，現在のアメリカの道徳教育の主流と言ってよいほど，全国の学校で取り組まれ，連邦レベルで推進されているのが「人格教育」（character education）である。また，アメリカで発祥し，今や世界中で取り組まれている「子どもの哲学」（philosophy for children：通称P4C）と呼ばれる実践も「考え，議論する道徳」のモデルとなるという点で注目したい。

1．人格教育

　現在，アメリカの多くの学校で行われている人格教育は，19世紀末〜20世紀初頭に行われていた教育活動をルーツとしている。当時の人格教育は聖書をベースとした話を用いて，子どもたちに「黄金律」を教え込むことを目指す注入主義的な性質をもつものであった。しかし，20世紀半ばになると，個人主義や相対主義の気運の高まりや，冷戦期の教育内容の高度化運動などが道徳教育においては逆風として働き，人格教育は衰退していった。

　1960年代頃，人格教育に代わる2つの新たな道徳教育のアプローチが登場した。1つは「価値の明確化」（values clarification）と呼ばれるもので，

価値の相対主義と教師の非指示的な態度を基本原則に，子どもが自分にとって大事な道徳的価値を自分で発見し，省察や議論を通してその価値を深めていくという方法が採られた。もう1つは「道徳的推論」（moral reasoning）と呼ばれるもので，モラル・ジレンマ教材を用いて，子どもが合理的に推論し自律的な判断が行えるようになることを目指すものであった。

　当時，道徳教育には暴力，盗難，性の早熟，麻薬など若者たちが抱えている深刻な問題を解決してくれることが期待されていた。しかし，結果から言うと，前述の2つのアプローチはどちらも改善には資さなかった。その後，ウィリアム・ヒアド・キルパトリック（W. H. Kilpatrick）やトーマス・リコーナ（T. Lickona）がそれぞれの著書のなかで，現状の道徳教育の問題点を指摘し，そしてそれに代わるものとして，新しい人格教育について論じていった。

　新しい人格教育では普遍的な道徳的価値を定め，それを良い人格を備えた人がもつ「人格特性」（character traits）として打ち立てる。リコーナは，どれだけ社会が多様化・多元化しても普遍的に受容される道徳的価値は存在し，この道徳的価値を子どもたちに教えるべきであると主張する。彼は「尊重」と「責任」を2大価値概念とし，「誠実」「公正」「寛容」「分別」「自己訓練」「援助」「同情」「協力」「勇気」などの道徳的価値と結び付けた。しかし，「人格特性」として何を挙げるかはプログラムによって様々である。重要なのは，自分たちの学校で何を「人格特性」として打ち立てるか，充分に協議し，深いレベルで合意することである。

　また，新しい人格教育では人格を全体的に涵養することを重視する。良い人格とは単に「良いことを知っていること」（knowing the good）だけではなく，「良いことを望むこと」（desiring the good）や「良いことを行うこと」（doing the good）といった要素も含む。そのため，①道徳的価値について理解し，役割取得能力や道徳的推論能力を高めるなどの認知的側面だけではなく，②良いことを希求し，それを目指そうとする意志や感情を育むなどの情意的側面，③実際に道徳的な行動を実践できるようになるなどの行動的側面も含めて活動を計画していくことが重要になる。

そして，新しい人格教育では学校生活のあらゆる場面で道徳的価値を示し，その習得を促していく。例えば教師は良い人格を身に付けた人物の見本として振る舞い，教科指導と道徳的価値を結び付け，徳の月間目標を掲げ，部活動でも道徳的価値を示し，地域活動や家庭で取り組む宿題などを活用するなどしていく。このように包括的に方策を立て，学校全体に道徳的な文化・風土を作り上げていくことが重要になる。

2．子どもの哲学（P4C）

1970年頃，ニュージャージー州モントクレアで「子どものための哲学」と呼ばれる実践がマシュー・リップマン（M. Lipman）によって始められた。彼の実践が草の根的に広まっていき，現在，子どもと哲学対話を行う実践は世界中で行われている。このような実践はP4Cと呼ばれ，一般的には，子どもたちが抱く「不思議に思う気持ち」（sense of wonder）を尊重し，簡単には答えられない，もしくは，そもそも答えがないような問いを共有した後，その問いについて皆で対話を行う，という流れで進んでいく。

P4Cは，子どもに哲学的命題や哲学者の思想を教えることを目的とはしていない。子どもの思考力を鍛えることを目指して行われている。リップマンは，子どもが自分自身の力で「意味」を獲得できるようになるために，子どもの論理的思考力や批判的思考力を高めることを目指し，そのための題材として哲学を選んだ。それは哲学が問題について客観性，首尾一貫性，包括性を保って考える力を身に付けるための最良の「実践」であるからである。

その際，リップマンは「探求の共同体」を作り上げることの重要性について述べている。「探求の共同体」とは，排他的な雰囲気がなく，参加者が互いの意見に耳を傾けつつ，自分の意見や疑問を言えるような場である。同時に，安易な結論や誤った推論を許容するのではなく，それらを互いに指摘・修正し合えるような場でもある。また，「探求の共同体」で求められる態度や作法，すなわち，共同体に参加し，責任を担い，真理や意味を目指して他者と対話を行う態度というのは，それ自体が道徳的なものであるという。

ところで，P4Cで考え合うテーマのなかには道徳・倫理に関わるものもあ

る。前述したように，P4C では議論の客観性，首尾一貫性，包括性などが重視される。そのため，例えば「正義」や「自由」などのテーマを P4C で取り上げる場合，それを道徳・倫理の領域に閉じ込めて考えるのではなく，形而上学，美学，論理学，認識論など，哲学の様々な領域を含めた全体的な枠組みのなかで捉えて，対話を進めることが目指される。

3. 人格教育と子どもの哲学（P4C）の比較

　人格教育が良い人格を習得するという結果に力点を置くものであるならば，P4C は題材となった問いについて論理的・批判的に議論するという過程を重視するものであると言えよう。また，前者が「道徳的な徳」（moral virtue）を対象としているのに対して，後者は「知的な徳」（intellectual virtue）を対象としているとも言えよう。注意したいのは，両実践の原理は必ずしも対立するものではなく，その結合を考えていくことは可能だという点である（Peterson & Bentley 2015）。結果を取るか，過程を取るか，というふうに二者択一で考える必然性はないのである。

参考文献

Andrew Peterson & Brendan Bentley（2015），"Exploring the connections between Philosophy for Children and character education: Some implications for moral education?" *Journal of Philosophy in Schools* 2（2），pp.48-70.

マシュー・リップマンほか（河野哲也・清水将吾監訳）（2015）『子どものための哲学授業――「学びの場」のつくりかた』河出書房新社。

トーマス・リコーナ（三浦正訳）（1997）『リコーナ博士のこころの教育論――〈尊重〉と〈責任〉を育む学校環境の創造』慶應義塾大学出版会。

柳沼良太（2015）『実効性のある道徳教育――日米比較から見えてくるもの』教育出版。

（相馬宗胤）

Q2 イギリスの道徳教育はどのように行われているのか，説明しなさい

1. はじめに

　イギリスでは，我が国の道徳教育のように教科としての道徳教育は行われていない。しかし，我が国の道徳教育（学校の教育活動全体を通じて行う道徳教育，道徳科）の目標と内容を踏まえるとき，イギリスで行われている教育のなかに我が国の道徳教育と関連した教育が見いだせる。それは，全国統一のナショナル・カリキュラムに含まれる宗教教育，シティズンシップ教育，PSHE（Personal, social, health and economic：人格・社会性・健康・経済）教育である。また，イギリスでは特定の教科に限定されないプロジェクト型の総合学習が行われており，ここにも道徳教育との関連性が見いだせる。さらには，学校ごとに児童生徒が守るべき規則が定められていることが多く，学校の教育活動全体を通じて行う道徳教育が見いだせる。本論では，我が国の道徳教育に関連した教育のイギリスでの実施状況を論述し，最後に，イギリスの歴史や社会状況に触れ，イギリスの道徳教育をとりまく課題を検討する。

2. イギリスの道徳教育

（1）宗教教育

　イギリスで我が国の道徳教育に関連した教育を主に担ってきたのは宗教教育であった。英国国教会が力をもつイギリスでは，宗教教育は，長くキリスト教に関するものであった。1988年にナショナル・カリキュラムが制定されたとき，宗教教育はキリスト教を中核としつつ，他の宗教も扱うものとされた。しかし，第二次世界大戦後のイギリスは世界の様々な国や地域からの移民を受け入れ，宗教の多様化が進んだ。宗教教育の内容もイスラーム，シク教，仏教等の様々な宗教を扱うものへと変わった。教科書はそれぞれの宗教の教義だけではく，生活習慣等の日常生活に関連した内容を扱う。授業で

は，例えば，キリスト教とイスラームの聖典や生活習慣に見いだせる共通点や相違点を子どもに考えさせることが試みられている。異なる宗教を信じる人同士の間で対話ができること，共生の可能性があることを児童生徒は学ぶ。

（2）シティズンシップ教育

シティズンシップ教育も我が国の道徳教育に関連している。シティズンシップ教育は，1998年に出された政策文書『クリック報告』をきっかけとし，2002年から中等教育段階で必修化された。政治教育を実施し，若者の政治や社会への参加を促すとともに，社会の結束を維持・向上させる役割がシティズンシップ教育に期待された。『クリック報告』は，シティズンシップ教育を構成する3つの要素を「社会的・道徳的責任」，「コミュニティへの参加」，「政治的リテラシー」とした。当時の社会情勢を受けて2007年に出された『アジェグボ報告』は，シティズンシップ教育の第4の要素を「アイデンティティと多様性」とし，多文化の共生を指向した。実際の教育活動では，社会や学校の課題について児童生徒が話し合い，時に学校の意思決定に生徒が関わることで，課題の発見や解決のための資質や技能が育成されている。

（3）PSHE教育

PSHE教育は，その名称の通り，人格・社会性・健康・経済に関する内容項目を扱う。例えば，薬物に関する教育，経済（家計）に関する教育，性教育，人間関係に関する教育，健康に関する教育が行われている。政府は，それぞれの学校が地域や子どもの実情に応じたPSHEの教育活動を行えるように学校に対して教育課程の編成や実施方法について裁量を与えている。PSHE教育は，子ども自らの健全な育ちを目指すのはもちろんのこと，子どもが他者と良好な関係を構築し，社会の中でよりよく生きることを目指す教科である。したがって，道徳教育以外にも，保健や家庭科とも関連した教科だと言えよう。

PSHE教育は1980年代に導入された。それ以来，必修化を求める動きがあったが，必修教科とはならなかった。しかし，PSHE教育のうち，人間関

係に関する教育（初等教育段階），人間関係と性に関する教育（中等教育段階），健康教育（主に中等教育段階）は，2020年に必修化された。

（4）プロジェクト型の総合学習

　教科を横断して，あらゆる学習テーマを扱う教育活動として，イギリスではプロジェクト型の総合学習が1930年代から進歩主義的な教師や教育関係者によって試みられてきた。特定の教科に限定せず，児童生徒の関心を重視したテーマ型の学習スタイルはインフォーマル教育とも呼ばれ，アメリカのオープン教育や日本の総合的な学習の時間の導入に影響を与えた。プロジェクト型の総合学習では，児童生徒が暮らす地域の成り立ちや特徴を学び，今後の地域や社会の在り方を見通す学習活動が行われている。こうした活動を通じて児童生徒は，地域の課題に対して自分たちにできることや今後の自分たちの在り方を考えるのである。

（5）学校の教育活動全体を通じて行う道徳教育

すべての児童・生徒はいつでも丁寧で礼儀正しくあることが期待されています。
私たちは，本校が学習に取り組み，そして生活をするのに幸福で楽しい学校であることを望みます。したがって，お互いに尊重しあい，親切にし，手助けをしたり，励ましたりすることが欠かせません。
すべての人に親切さと思いやりをもって接しましょう。いじめをすることや誰かがいじめられることを決して許してはいけません。

図5-2-1　礼儀正しさのための規則集（抜粋）

　我が国の道徳教育と同じく，イギリスでも学校の教育活動全体を通じて行う道徳教育が行われている。学校ごとに教育の指針・規則が立てられていることが多い。例えば，図5-2-1は，ロンドン市内に所在するあるジュニアスクールの規則集である。ここには，礼儀正しさ，丁寧さ，親切さといった内容項目が示されている。また，「いじめをすることや誰かがいじめられることを決して許してはいけません」といったいじめ防止等に関する規則が示されている。児童生徒は学校生活のあらゆる場面で守るべき規則や適切なふるまいを学ぶ。

3. おわりに

　イギリスでは，我が国の道徳教育に関連する教育が宗教教育，シティズンシップ教育，PSHE教育，プロジェクト型の総合学習によって行われ，学校の教育活動全体を通じて行う道徳教育も実施されている。だが，こうした教育活動には，イギリス社会を構成する人々の多様化に伴う課題がつきつけられてきた。その課題は，人々の文化・宗教・言語上の背景や価値観が多様化するなかで，ある立場を尊重することと，人々や集団間の相互理解や社会の結束とをいかに両立するのかというものである。イギリス社会は古くからヨーロッパ各国から移民を受け入れてきたが，第二次世界大戦後，西インド諸島や南アジア諸国から本格的に移民を受け入れ，社会の多様化が進んだ。生活習慣，宗教，第一言語等が異なる人々の共生が課題となった。特に，近年イギリスで頻発するテロのなかには，諸外国にルーツがあり，イギリスで生まれ育った移民の2世や3世によるものもあり，社会の課題となっている。

　課題を解決するための視座は，イギリスへの移民の多様性が認められ始めた1930年代，ケンブリッジで教育研究活動にあたっていた哲学者ルートウィヒ・ウィトゲンシュタイン（L. Wittgenstein）が先取りしている。ウィトゲンシュタインが後期の代表作『哲学探究』で示した方法が「展望」である。それは，自らが親しんだものと異なるものとの間を埋めていく作業であり，その際に駆使されるべきものが想像力であった。相手の背景にある文化，生まれ育った境遇，宗教上の信条や生活習慣等に対する想像力が差異を埋め合わせ，共生が可能な新たな地域や社会を構想する契機となるだろう。

参考文献

日英教育学会編（2017）『英国の教育』東信堂。

藤原聖子（2017）『ポスト多文化主義教育が描く宗教──イギリス〈共同体の結束〉政策の功罪』岩波書店。

丸山恭司（2007）「言語の呪縛と解放──ウィトゲンシュタインの哲学教育」『教育哲学研究』96, pp.115-131。

（山口裕毅）

Q3 ドイツの道徳教育について説明しなさい

1. ドイツにおける宗教教育

　多くの他のヨーロッパ諸国と同様に，ドイツにおいても，いわゆる道徳教育は宗教教育を中心に行われている。しかも，そのドイツの場合，我が国で言えば日本国憲法に相当するドイツ連邦共和国基本法（以下，基本法）において，宗教教育に関して，少し詳しい言及がなされている。

　簡潔に言うと，第7条（学校制度）で，「宗教教授（Religionsunterricht）は，公立学校においては，非宗教学校を除き，正規の科目である」と述べられたあとで，「宗教教授は，宗教団体の教義に従って行うが，国の監督権を妨げてはならない」と記されている。また，第4条では，基本的人権として「信仰および良心の自由ならびに信仰告白および世界観の告白の自由は，不可侵である」ということが保障されたうえで，第7条の別のところで，「教育権者は子どもの宗教教授への参加を決定する権利を有する」，さらには同じ第7条において，教員に対しても「いかなる教員も，その意思に反して宗教教授を行う義務を負わされてはならない」と規定されている。つまり，ドイツでは，信仰の自由は厚く保障されるなかで，公立学校において宗教教授という教科がとくに重要視されているのである。

　このような基本法の理念の下に，実際のドイツでは，学校の大部分を占める公立学校は，宗教教授の実施の仕方によって，一般的に大きくは3つの形態に区分される。すなわち，宗派別学校，各派混合学校，世界観学校（実際には存在しない）である。もう少し詳しく言えば，宗派別学校では，子どもは保護者の希望によって自己の宗派（プロテスタントやカトリックなど）の学校に通学して，その宗派の宗教教授を学ぶことになる。各派混合学校では，宗教教授の時間のときだけ子どもは各派別のクラスに分かれて宗教教授を学ぶことになる。この形態は，先に引用した基本法の7条の「宗教教授は，宗教団体の教義に従って行う」という規定に則っている。

２．連邦国としてのドイツ

　ドイツは連邦共和国であり，現在では16州で構成された連邦国となっている。そのために，各州の独立性が担保されている。とくに，ドイツでは，基本法において「文化高権（Kulturhoheit）」が明記され，文化政策や文化行政に関しては，原則として各州が立法上および行政上の権限を有することになっている。したがって，教育に関しても州の自治権が大幅に保障されており，その結果として学校制度も，また課程の基準となる学習指導要領も州によって異なっている。それによって，基本法においてとくに重要視される宗教教授は，州の社会的・歴史的状況に応じて，かなり柔軟かつ弾力的な運用のかたちで実践されている。

　ドイツ全体の傾向としては，宗教教授の授業は基礎学校段階（第１学年から第４学年）において週２〜４時間，中等教育段階において２時間程度となっている。そこでは，宗教的な絵画や造形，さらには教会や神聖な場所の訪問を織り交ぜながら，聖書の内容や教会史などが指導される。

　しかし，特に中等教育段階の宗教教授の授業では，キリスト教だけに限らず，イスラム教，ユダヤ教，仏教，ヒンズー教など，多様な宗教が指導されることになっている。また最近では，州によってさまざまな名称が使われながら，宗教教授ではなく，それに代替する倫理・哲学的な教授が増加する傾向にある（州によって年齢は異なるが，中等教育のどこかの段階において，保護者に代わって生徒自身が宗教教授の受講をするか否かを決めることができる）。いずれの教授においても，責任や勇気や愛などの道徳的価値が内容として扱われることになる。

　ところが，もはや現代の社会状況では，キリスト教のみならず，宗教それ自体がドイツ社会において絶対的な影響力をもつものではなくなってきている。それゆえ，宗教教授の内容や方法も従来のものから改善されてきている。例えば，聖書の内容を伝えるような指導から，問題を提起して解決を模索するような授業が試みられている。また，特定の宗派だけを取り上げるのではなく，１つの宗教を前提としながらも，それを超えて他の宗教や宗派の

内容も授業のなかで学べる「相互宗教学習（Interreligiöses Lernen）」も試みられている。その意味では，宗教教授も道徳教育の役割を放棄されるのではなく，時代や社会の変化に応じた改善が図られているのである。

3．現代ドイツの道徳教育

　宗教教授は，先に見たように，とりわけ重要な教科として基本法に位置付けられている。しかし，同時に信仰の自由も基本的人権として厚く保障されているために，保護者が宗教教授の履修を希望しないと申告すれば，義務的に履修させる効力は失われてしまう。ドイツでは，トルコ系移民の流入もあって，1970年代の中等教育段階になると，そのような申告も増え，宗教教授を学ばない子どもたちも多くなった。さらに，1990年のドイツ東西統一もあって，宗教教授を学ばない子どもたちが増えることとなった。もともと，文化高権の理念に基づいて，一律的な宗教教育はドイツ国内で行われていなかったところに，そのような時代的な変化，とりわけ最近ではグローバル化社会における宗教の多元化と世俗化の同時進行という変化もあって，地域によって前述したような工夫された宗教教授が試みられ始めている。

　その結果，各州によってさまざまな宗教教授が実施されており，観点によっても区分の仕方がいくつも存在するが，カトリックとプロテスタントというキリスト教の宗派に着目して区分すれば，そのグループは2017年の時点でおよそ3つに大別される。1つ目は，カトリックとプロテスタントに限って宗教教授が実施される州のグループである。すなわち，ドイツ北部に属するメクレンブルク・フォアポンメルン州とニーダーザクセン州，ドイツ西部に属するザクセン・アンハルト州とザクセン州である。2つ目は，宗派混合の宗教教授が実施される州のグループである。すなわち，ドイツ北部に属し，ハンザ同盟の自由都市として栄えた歴史を有するブレーメン（州）とハンブルク（州）である。3つ目は，宗派別の宗教教授が行われる他の10州のグループである。すなわち，ドイツ北部に属するシュレスヴィッヒ・ホルシュタイン州とベルリン（州）とブランデンブルク州，東部に属するテューリンゲン州，西部に属するノルトライン・ヴェストファーレン州，

ヘッセン州，ラインラント・プファルツ州，ザールラント州という 4 つの州，そしてドイツ南部に属するバーデン・ヴュルテンベルク州とバイエルン州である。

　1 つ目のグループは，概して移民の少ない地域であるために，従来からの実践が変更されないまま行われている。2 つ目のグループは，ハンザ同盟の自由都市として商業の栄えた歴史を有する地域であり，宗教的な中立性が大切にされてきたために，宗派的な区分を学校教育にもち込ませない意味で，宗派を超えた宗教が重要視されている。3 つ目のグループは，カトリックとプロテスタントというキリスト教に限定することなく，それ以外の宗教科も実施されている。その中でも，ベルリン州では「倫理科」が，ブランデンブルクでは「生活形成・倫理・宗教科」が必修科目であるのに対して，宗教教授は選択科目になっており，きわめて弱体化している。

　これからのグローバル化した社会が激変することを考えると，このようなドイツの道徳教育はますます大きく変貌することになる。とりわけ，州に強い教育の権限を有するドイツでは，その州や地域に合わせた道徳教育の改革が行われることになるであろう。

　前述したブランデンブルクの「生活形成・倫理・宗教科」は，その 1 つの兆候である。この教科については，さまざまな立場から批判もあり，これからどのように変化していくかは予想できないが，このような大胆な試みは今度のドイツにおいては避けられないであろう。最近では，2 つ目のグループに属し，外国籍の人口が約 14％を占めるハンブルク州において，「みんなのための宗教教授（Religionsunterricht für alle）が設けられ，キリスト教だけでなく，他の宗教も指導されて，敬意と寛容を大切にしながら，価値や宗教文化への対応が指導されることになっている。

参考文献

天野正治・結城忠・別府昭郎編著（1998）『ドイツの教育』東信堂。
国立教育研究所内道徳教育研究会編（1982）『道徳教育の現状と動向——
　　世界と日本』ぎょうせい。　　　　　　　　　　　　　　　（吉田武男）

Q4 フランスの道徳教育の特徴について説明しなさい

1. はじめに

　フランスは，価値教育に関する教科の名前に「道徳（moral）」という単語が入っている，数少ない国の１つである。現行の１つ前の学習指導要領は，2015年６月12日の法令により定められており，その学習指導要領により，従来の小学校の「公民・道徳」及びコレージュの「公民」が「道徳・公民（Enseignement moral et civique, EMC）」に取って代わられたのである。現行の2018年版学習指導要領は，2020年７月17日の法令により内容が一部追加され，2020年の新学期より施行されている。

2. 宗教的中立の原則

　公立学校において宗教教育を行うことを禁止している点も，フランスと日本の共通点である。日本では，教育基本法第15条第２項で「国及び地方公共団体が設置する学校は，特定の宗教のための宗教教育その他宗教的活動をしてはならない」と規定されている。フランスでは教育法典において，私立学校や，公立学校に在籍する子どもたちに対しても授業外での宗教教育を認める一方で，公立学校における教育は世俗的に行われるべきことを規定している。これは，第三共和政期の1882年に制定された法律（それまでの法律によって規定されていた「道徳・宗教教育」の代わりに，初等教育において「道徳・公民教育」が含まれると規定した）の理念を引き継いだものである。

3. 学習指導要領の構成

　フランスにおいては，小学校の１〜３年生の第２期，小学校４，５年生とコレージュ１年生の第３期，コレージュ２〜４年生の第４期と学習期が分けられている。学習指導要領には，まず，第２学習期から第４学習期まで共通

の3つの「目標」が掲げられている。それらは，「他人を尊重する」，「共和国の諸価値を獲得し共有する」，「市民的教養を構築する」である。次に，「道徳・公民教育の実践方式と方法」が示されている。さらに，「第2学習期から第4学習期までに取り組むコンピテンシー」があげられている。そして，各学習期の学習指導要領は，先述の3つの目標ごとに，「学習期の終わりに期待されること」，「知識とコンピテンシー」，「教育の対象事物」が示されている。

4．目標と内容

　第2学習期から第4学習期まで共通の3つの目標について詳しく見ていこう。まず，「他人を尊重する」の説明においては，他人の自由，信念や宗教を尊重したり，自分と等しい尊厳があると考えたり，その人と友愛の関係を発展させたりすることとされている。次に，「共和国の諸価値を獲得し共有する」について，フランス共和国の4つの主要な諸価値と諸原則は，自由，平等，友愛，ライシテであり，連帯，男女間の平等，ならびにあらゆる形の差別の拒否がそこから演繹されるという。これらを伝達し共有させることは，共和国の統合の行為であるとされている。最後に，「市民的教養を構築する」について，道徳・公民教育によってもたらされる市民的教養は，感受性，規則と権利，判断力，参加という4つの領域を連接させるとされる。さらに，市民的教養は教科の全てに循環する，つまり，全教科に関係するものであるという。

　この4つについては，「第2学習期から第4学習期までに取り組むコンピテンシー」の部分においても言及されている。そこでは，感受性の教養，規則と権利の教養，判断力の教養，参加の教養が挙げられている。これら4つの教養の中で，以下のようなコンピテンシーが挙げられている。

感受性の教養
・情動や感情を調整しながら特定し，表現する
・自分を評価し，耳を傾け，共感できる
・自分の意見を表現し他人の意見を尊重する

・差異を受け入れる

・協力することができる

・集団の一員であることを意識する

規則と権利の教養

・共通の規則を尊重する

・民主的な社会において規則や法に従う理由を理解する

・フランス共和国と民主的な社会における諸原則や諸価値を理解する

・諸規則と諸価値の関係を理解する

判断力の教養

・分別と批判的省察の能力を発達させる

・論証的で規則的な議論や討論において自分の判断を他人の判断と対決させる

・厳密な方法で情報を集める

・個別の利益と一般的な利益を区別する

・一般的な利益の意識をもつ

参加の教養

・自分自身の参加に責任をもつ

・他人に対して責任をもつ

・学校や施設において責任を負い引き受ける

・集団生活と環境の側面の責任を引き受け，市民の自覚を発達させる

・協力する運動に参加し，その運動によって自分の働きあるいは意見を豊かにすることができる

5．方法

　「道徳・公民教育の実践方式と方法」には，生徒に民主的な社会を規制する諸価値を理解し，体得し，把握させることができる最上のものとして，「規則的な議論」や「論証的な討論」が方法として挙げられている。それらは，教師により選ばれた方式に基づいた情報収集，決められた枠組み内での議論の交換，獲得した知識のフィードバックで構成される。

6. おわりに

　最初に指摘した通り，公民・道徳（小学校）と公民（中学校）が，2015年の改訂では小中学校とも道徳・公民に変わり，それが現在にも引き継がれている。小学校では道徳と公民の言葉の順序が入れ替わり，中学校では公民だけであったところに道徳という言葉も加わった。したがって，「道徳」に重きが置かれるようになったことが推察される。道徳・公民教育の1つ目の目標である「他人を尊重する」が，主に道徳と公民の「道徳」にあたる内容である一方，他の2つの目標，すなわち，「共和国の諸価値を獲得し共有する」，「市民的教養を構築する」は，道徳と公民のうち，主に公民に関連する内容と言える。特別の教科　道徳（道徳科）と，社会科の中の公民的分野というように，教科が分かれている日本の中学校の教科構成とは，この点で事情が異なる。

参考文献・URL

教育基本法　https://elaws.e-gov.go.jp/document?law_unique_id=418AC000 0000120_20150801_000000000000000（2021年9月27日閲覧）。

Arrete du 17 juillet 2020 modifiant l'arrete du 9 novembre 2015 fixant les programmes d'enseignement du cycle des apprentissages fondamentaux（cycle 2），du cycle de consolidation（cycle 3）et du cycle des approfondissements（cycle 4）. https://www.legifrance. gouv.fr/loda/id/JORFTEXT000042157717/（2021年8月6日閲覧）。

Bulletin officiel n°31 du 30 juillet 2020, Annexe 3 Programme d' enseignement du cycle des approfondissements（cycle 4）. https:// cache.media.education.gouv.fr/file/31/89/1/ensel714_ annexe3_1312891.pdf（2021年8月6日閲覧）。

Code de l'éducation. https://www.legifrance.gouv.fr/affichCode. do?cidTexte=LEGITEXT000006071191（2020年7月14日閲覧）。

（川上若奈）

Q 5　韓国の小中学校における道徳教育の変遷と現状について説明しなさい

1．韓国の小中学校における道徳教育の変遷

　日本の隣国にあり，日本と同じ儒教思想をルーツにもつ韓国において，とりわけ小中学校における道徳教育はどのように行われてきたのだろうか。

　まず，「道徳」という教科が初めて韓国で登場した第3次教育課程をみると，当初，道徳科で扱われていた内容は，個人生活から家庭・近隣・学校生活，社会生活，国家・民族生活へというように，生活領域を中心に内容が拡大していく構成がとられていたことがわかる。すなわち，「生活領域拡大方法」である。この「生活領域拡大方法」は，第7次教育課程まで続けられていくが，その後2007改訂教育課程になると，道徳教育で扱われる内容は，道徳的な主体としての私，我ら・他人・社会との関係，国家・地球共同体との関係，自然・超越的存在との関係というように，「価値」との関係を中心に内容が拡大していく構成がとられるようになった。

　なお，いまだ朝鮮戦争が終結していない現状から，道徳科の内容についても変化がみられた。例えば，韓国統一及び北朝鮮に関する部分（第3・4次教育課程で「反共生活」，第5次教育課程で「統一・安保生活」，第6・7次教育課程で「国家・民族生活」など）に変更が加えられた。

2．小中学校における「道徳科」の目標

　韓国の小中学校における「道徳科」は，21世紀の韓国人としてもつべき人格の基本要素として誠実，配慮，正義，責任の4つの核心価値を設定した。核心価値を内面化しそれに基づいて，自己の生きる意味を自主的に探す道徳的探究及び倫理的省察，道徳的な行為（doing moral）への能力を養い，道徳的な人間及び正義感ある市民として育成することを目標としている。

　2015改訂教育課程は，自己管理，知識情報処理，創造的思考，審美的感

性，コミュニケーション，共同体の6つのキーコンピテンシーを総論で示した。それらが各教科の中で適切に反映されるように「教科コンピテンシー」を各教科教育課程に提示した（教育部，2015）。

　その中で，「道徳科」の教科コンピテンシーは以下の6つである。①「自己尊重及び管理能力」。これは，自分自身を尊重し自己愛に基づき自主的に生きること，己の欲求や感情を制御することに関わる力である。②「道徳的思考能力」。これは，日常的な問題を道徳的にとらえ，道徳的判断や推論の探究過程から妥当性のある根拠をもとに正誤を判断することに関わる力である。③「道徳的対人関係能力」。これは，コミュニケーションの中で他人の道徳的要求を認識し，受容したり，理想的なコミュニケーションのとれる共同体を目指したりしながら他人と共に生きる力である。④「道徳的情緒能力」。これは，道徳性を前提に自分及び他人の感情を読み取り配慮することに関わる力である。⑤「道徳的共同体意識」。これは，道徳規範及び情緒や連帯感に基づき，自分が属している様々な共同体の一員として，所属感をもつことである。⑥「倫理的省察及び実践性涵養」。これは，日常の中で自分の人生を倫理的に省察することを通じて，道徳的価値及び規範を持続的に実践できる力である。

3．小中学校における「道徳科」の内容，教授・学習方法，評価

　韓国の小中学校における「道徳科」について，とりわけ内容，教授・学習方法，評価に関しては，『道徳科教育課程』において，前述の「目標」と4つの核心価値ごとに提示されている。

（1）内容

　内容は，必ず習得しなければならない普遍的な知識及び原理である「一般化された知識」，その学年の必修学習内容である「内容要素」，道徳科コンピテンシーを具体化した「技能（共通技能）」で構成されている。これら3つの項目は，連続性をもって提示され，教科内容とキーコンピテンシーがつながるような構造となっている。内容に関して，表5-5-1にまとめて示す。

表5-5-1　韓国の中学校「道徳」の内容

領域（核心価値）	一般化された知識	内容要素	技能（*はキーコンピテンシーと接続する共通技能）
自分自身との関係（誠実）	人間が生きる中で中心的な役割を担う道徳を学ぶことで，真の幸福を追求し，正しい自己のアイデンティティを形成する	道徳的な生き方／道徳的行動／自己アイデンティティ／人生の目的／幸せな生	道徳的アイデンティティの形成：道徳的自己認識・自己尊重・自己制御／道徳的保健能力：健康な心の育成／高次元思考能力*：批判的，創造的，配慮的思考，道徳的根拠と理由の提示
他人との関係（配慮）	家庭・近隣・学校及びオンライン世界で正しい人間関係を形成するために相手を尊重し，配慮する態度が必要であり，葛藤が発生する場合に合理的なコミュニケーションを通して平和的に解決する	家庭倫理／友情／性倫理／近隣生活／情報通信倫理／平和的な葛藤解決／暴力の問題	道徳的な人間関係を形成する能力：他人の観点を取り入れる試み，道徳的葛藤状況を解決する／道徳的コミュニケーション能力：共感及び傾聴，様々な方法によるコミュニケーション／道徳的情緒能力*：道徳的な感情を理解・表現・制御する／害悪になることをしない能力：行動の結果を想像する，責任感をもって行動する
社会及び共同体との関係（正義）	普遍的道徳に基づいて人間の尊厳と文化の多様性を保障し，国家共同体の道徳的市民として社会正義と平和及び統一した社会の実現に寄与し，地球共同体の世界市民として道徳的諸問題の解決に努める	人間尊重／文化多様性／世界市民的倫理／道徳的市民／社会正義／北朝鮮の理解／統一に関する倫理感	多文化・共同体・世界市民的倫理感を形成する能力：多様性に気付き，社会的偏見を見直す，共同体の一員になる，普遍的観点を取り入れる／統一に関する倫理感を形成する能力：北朝鮮や統一に対して均整の取れた観点を確立する，未来志向的な統一観を確立する
自然及び超越との関係（責任）	環境によい生活と科学技術の倫理的使用を通して持続可能な未来を考える，倫理的省察を通した生と死の意味と心の平和を追求する	自然観／科学と倫理／生きることの大切さ／心の平和	生命感受性を高める能力：生命を大切にする観点や実践技術を獲得する／統一的思考能力：生態系における持続可能性や平常心を追求する／実存的自覚能力*：道徳的物語を構成する，生きることの意味を構成する／実践する性向及び意志*：実践する方法を探究，提示，涵養する

（2）教授・学習方法

　「自分自身との関係（誠実）」の教授・学習方法として，人間の道徳的行動が求められた歴史的・現代的事例の物語を生徒に提示することが挙げられ，「他人との関係（配慮）」では，生徒が実生活で接する様々な葛藤状況を解決する方法を自ら見直し，葛藤を解決する方法を探究することが挙げられている。「社会及び共同体との関係（正義）」では，「公正な財の分配に関するロールプレイング」を用いた，仮想的状況の中で生徒が当事者感をもつことが可能な意思決定授業が挙げられ，「自然及び超越との関係（責任）」では，価値葛藤を解決することを通して人間と自然の関係にある対立的な立場を把握すること，環境によい消費生活と関連する動画制作を通して生徒が調査する方法などが挙げられている。

（3）評価

　まず「自分自身との関係（誠実）」を評価する際には，生徒による「私が道徳的にならなければならない理由」に関する深い探究と省察を踏まえた作文から評価すること，「他人との関係（配慮）」に関しては，葛藤の解決方法に関して自己評価及び相互評価を共に活用して評価することが挙げられている。「社会及び共同体との関係（正義）」では，ロールプレイング授業での活動を行った場合，それを参加者と観察者の立場から自己評価すること，「自然及び超越との関係（責任）」では，価値葛藤を解決する際に，事実判断と道徳原理が論理的に区分できるのか，与えられた規範や規則を実生活へいかに適用することができるのかなどを評価することが挙げられている。

参考文献

教育部（2015）『道徳科教育課程（2015-74-6）』教育部（韓国語）。

（Yang JaYeon，ヤン・ジャヨン）

Q6 中国の小中学校における道徳教育の変遷と現状について，「素質教育」と「道徳と法治」を中心に説明しなさい

1．建国から改革開放までの道徳教育

　1949（昭和24）年に中国が建国された当初は，小学校では独立した道徳課程は設置されておらず，主に労働活動を通じて道徳教育が実施されていた。同年に中国の政治方針について定められた「中国人民政治協商会議共同綱領」では，祖国愛，人民愛，労働愛，科学愛，公共財産の愛護を重視する「五愛教育」が提唱された。この「五愛教育」は，小中学校における道徳教育の基本目標として定着し，数十年に及ぶ道徳教育政策の最も重要な基本理念として維持されることとなった。

　しかし，1966（昭和41）年に「文化大革命」が始まると，政治運動の影響が学校教育にまで及び，道徳教育は完全に政治教化の場となった。その後，1978（昭和53）年には「文化大革命」が引き起こした経済の低迷を立て直すため，社会主義における市場経済体制へ移行する改革開放政策が取られることとなった。なお，同年には小学校に「政治科」（第4学年と第5学年）が設置されたものの，その内容は国家の政治思想が中心であり，道徳教育に関する教科とは言い難いものであった。1981（昭和56）年には「政治科」が廃止され，翌年から「思想品徳」という教科が実施されることになった。さらに同年には中華人民共和国憲法が改正され，「五愛教育」における公共財産の愛護が，新たに「社会主義の公徳を愛すること」へ変更された。

2．「応試教育」から「素質教育」への転換

　90年代に入ると，中国の教育界では受験競争の激化が問題視され，学校教育の果たす役割を再検討するべきであるという認識が広まった。そのため，受験による合格を目指し，知育を重視する従来の「応試教育」（受験教

育）から，子どもの主体性を重視し，創造能力と実践能力の育成，および全人格的な発達を目指す「素質教育」（資質教育）へ変更が行われた。言い換えれば，その特徴は，知育を重視する教育から，徳育・知育・体育・美育の全面的な発達を促す教育への転換であった。

　2001（平成13）年に入り，教育部から「基礎教育課程改革綱要（試行草案）が公布されると，道徳教育の関連科目も大きな変化を遂げた。すなわち，小学校においては，従来の「思想品徳」から，良好な品徳・行為の習慣化を目指す「品徳と生活」（第1学年と第2学年）と，良好な品徳と社会性の発達を促す「品徳と社会」（第3学年から第6学年）に，また中学校においては，「思想政治」から，私と集団・国家・社会との関係を取り扱う「思想品徳」という科目名になった。これによって，小学校低学年段階では「道徳性」，中高学年段階では「社会性」，中学校では「政治性」を中心に育成されるようになった。

3．中国における道徳に関する教科「道徳と法治」

　2010（平成22）年には，「国家中長期教育改革と発展規則綱要（2010〜2020年）」が告示され，今後10年間における教育方針が示された。道徳教育については，「素質教育の全面的な実施を教育改革と発展の戦略主題」とすることや，「道徳教育を優先させる方針を堅持」し，国家の指導思想が反映された「社会主義核心価値体系を国民教育の全過程に取り入れること」が示された。2012（平成24）年には，富強，民主，文明，調和，自由，平等，公正，法治，愛国，敬業，誠信，友善からなる12の「社会主義核心価値観」が示され，国民教育の中心に据えられることになった。

　2016（平成28）年には，教育部と司法部が中心となり，「青少年法治教育大綱」が告示された。その内容では，「社会主義核心価値観を主軸として，法治教育と道徳教育を結合させること」や，「憲法教育を核心として，権利義務教育を本意とすること」が示されていた。また同年には，教育部から「品徳と生活」，「思想品徳」の教材を「道徳と法治」に統一するという通達が出され，小学校第1学年と中学校第1学年に限り，「道徳と法治」の教科

書が使用されることになった。すなわち，ここにおいて，道徳に関する新教科「道徳と法治」が実施されることになった。現在では，小学校と中学校の全ての学年において，人民教育出版社版の教科書を使用することが規定されている。

　この「道徳と法治」の特徴について，以前の「品徳と生活」や「思想品徳」と比較すると，例えば小学校第１学年では，児童のより多様な生活場面を想定し，童謡や体験的な活動を通して，交通規則を理解できるように工夫されている。また中学校第１学年では，「社会主義核心価値観」における調和，平等，自由，法治との関係から，法の重要性について論じている。すなわち，新たな「道徳と法治」では，安全や法に関する内容がより一層充実化しており，現在の中国の道徳教育は，法教育と密接に関連しながら実施されていると言えよう。

参考文献

周慧梅編著（三潴正道監訳，平野紀子訳）（2018）『図解　現代中国の軌跡　中国教育』科学出版社東京。

文部科学省（2016）『諸外国の初等中等教育』明石出版。

沈暁敏（2017）「中国における社会科教育の動向──小学校における『品徳と社会』から『道徳と法治』への変容を中心に」『社会科教育研究』131，pp.87-99。

宮本慧（2019）「中国における学校の法教育──『道徳と法治』教科書に着目して」『社会科教育研究』137，pp.129-139。

宮本慧（2019）「中国における道徳教育政策の歴史的展開──法教育と道徳教育の関係性に着目して」『筑波大学道徳教育研究』20，pp.11-32。

（宮本　慧）

第**6**章

学校における道徳教育の
基礎的事項

Q1 日本の小中学校における道徳教育の二重構造
について説明しなさい

　2017（平成29）年改訂学習指導要領「第1章 総則」の「第1 教育課程編成の一般方針」の2において，「学校における道徳教育は，特別の教科である道徳（以下「道徳科」という。）を要として学校の教育活動全体を通じて行うものであり，道徳科はもとより，各教科，外国語活動，総合的な学習の時間及び特別活動のそれぞれの特質に応じて，児童（中学校は「生徒」）の発達の段階を考慮して，適切な指導を行わなければならない」と明記されており，ここに日本の小中学校における道徳教育の二重性が端的に表れている。すなわち，現在日本の小中学校における道徳教育は各教科，外国語活動（小学校のみ），総合的な学習の時間，特別活動といった「学校の教育活動全体を通じて行われる道徳教育」と，45分ないし50分を単位とした「道徳科で行われる道徳教育」の2種類の指導場面から構成されているということである。以下，「学校の教育活動全体を通じて行われる道徳教育」と「道徳科で行われる道徳教育」に関して，それぞれの目標と役割の特質に関して詳しくみていくこととする。

　まず，「学校教育活動全体を通じて行われる道徳教育」については，冒頭で引用した箇所の次の段落において「教育基本法及び学校教育法に定められた教育の根本精神に基づき，自己の（中学校では「人間としての」）生き方を考え，主体的な判断の下に行動し，自立した人間として他者とともにより

よく生きるための基盤となる道徳性を養うことを目標とする」と記されている通り，より広い視野からとらえた道徳教育となっている。そこでは先に挙げた「道徳科」以外の指導場面においてもそれぞれの特質に適したかたちでの道徳性の育成が期待されている。例えば，国語科の「伝え合う力」を高めることが学校の教育活動全体で道徳教育を進めていくうえで基盤となったり，「言語感覚」を育成することが道徳的な判断力や心情を養う基本となったり，「国語を尊重する態度」が「伝統と文化の尊重」や「我が国と郷土を愛すること」につながったりするといったように，各教科と道徳教育が深く関係していることが学習指導要領でも端的に示されている。また，そうした関連性は教科だけでなく教科外との間においても同様に示されている。

それに対し，「道徳科で行われる道徳教育」については，「第3章 特別の教科 道徳」の「第1 目標」において，「第1章総則の第1の2に示す道徳教育の目標に基づき，よりよく生きるための基盤となる道徳性を養うため，道徳的諸価値についての理解を基に，自己を見つめ，物事を多面的・多角的に考え，自己の生き方についての考えを深める学習を通して，道徳的な判断力，心情，実践意欲と態度を育てる」と記されており，道徳性の「諸様相」を育てることが期待されている。また，道徳科以外の指導場面では取り扱う機会が十分でない内容項目に関わる指導を「補う」ことや，児童や学校の実態等を踏まえて指導をより一層「深める」こと，内容項目の「相互の関連」を捉え直したり発展させたりすることなど，まさに学校教育全体を通じて行われる道徳教育の核心部分（要）としての役割も期待されている。このように，現在日本の小中学校における道徳教育は「学校の教育活動全体を通じて行われる道徳教育」と「道徳科で行われる道徳教育」の二重構造をなしているのである。

参考文献・URL

文部科学省「道徳教育アーカイブ」https://doutoku.mext.go.jp/（2020年7月26日閲覧）。

（田中マリア）

Q2　道徳教育の指導体制の要点について述べなさい

1．道徳教育の指導体制

　現在，小学校および中学校における道徳教育は，週に1回行われる「特別の教科　道徳」（道徳科）を要として，学校の教育活動全体を通じて実施されている。道徳が教科化された背景には，深刻ないじめ問題や，学校間あるいは教員間の指導実態の格差や温度差があり，それらの是正に向けて，学校における道徳教育の指導体制を構築することが一層重要になっている。

　「平成29年改訂学習指導要領」の総則には，道徳教育に関する配慮事項として，道徳教育の指導体制を構築するにあたり，校長の方針の下に，道徳教育の推進を主に担当する教師（道徳教育推進教師）を中心に，全教師が協力して道徳教育を展開することの重要性が指摘されている。現在日本においては，道徳科の指導は，原則担任が行うことになっているが，今後は，担任の力量だけに委ねるのではなく，学校の教職員が組織的に道徳教育の充実に向けて努力することが求められよう。

　以下では，道徳教育の指導体制を構築することの意義について明らかにするために，校長の方針の明確化と道徳教育推進教師を中心とした協力体制，の2つの観点から確認していきたい。

2．校長の方針の明確化と道徳教育推進教師を中心とした協力体制

（1）校長の方針の明確化

　「平成29年改訂学習指導要領解説」（総則編）によれば，道徳教育の指導体制については，校長の方針を明確にすることが重要であると指摘されている。なぜなら道徳教育は，学校の教育活動全体を通じて行うものであるという性格上，まずは学校の教育課程の管理者である校長が先頭に立って，学校の道徳教育の基本的な方針を全教師に示すことが必要だからである。その

際，校長は関係法規や社会的な要請，学校や地域の実情，児童生徒の道徳性に関わる実態，家庭や地域社会の期待などを踏まえたうえで，学校の教育目標との関わりで，道徳教育の基本方針を明示することが大切となる。校長が基本方針を明示することにより，学校の全教職員が道徳教育の重要性を認識し，道徳教育の進むべき方向性について共通理解を図ることが可能となる。

　また，道徳教育の指導体制とともに重要となるのが，道徳教育の全体計画と年間指導計画である。道徳教育の全体計画は，学校における道徳教育の基本方針を示したものである。学校の教育活動全体を通して道徳教育の目標を達成するための方策を総合的に示した教育計画であり，全体計画に基づいて年間指導計画も作成されることになる。全体計画の内容は，各学校において，校長の明確な方針の下に，道徳教育推進教師が中心となり，全教師の参加と協力により創意と英知を結集して作成されるべきものであり，作成にあたっては，理念だけに終わることがないように留意すべきとしている。

（2）道徳教育推進教師を中心とした協力体制

　道徳教育の指導体制については，道徳教育推進教師を中心とした協力体制を整備することの重要性も指摘されている。「平成20年改訂学習指導要領」において初めて明記された道徳教育推進教師は，学校の道徳教育を推進するうえで中心的な役割を果たすことが期待され，具体的な役割の事例として次の8つが挙げられた。

① 道徳教育の指導計画の作成に関すること
② 全教育活動における道徳教育の推進，充実に関すること
③ 道徳科の充実と指導体制に関すること
④ 道徳用教材の整備・充実・活用に関すること
⑤ 道徳教育の情報提供や情報交換に関すること
⑥ 道徳科の授業公開など家庭や地域社会との連携に関すること
⑦ 道徳教育の研修の充実に関すること
⑧ 道徳教育における評価に関すること

　これら8つの事例からも明らかなように，道徳教育推進教師には，学校の道徳教育を推進するうえで，調整役の役割を果たすことが期待されている。

　例えば，近年，道徳主任や道徳教育推進教師が調整役となり，ローテーション道徳を実施している学校がある。ローテーション道徳とは，教員が自分の担当する学級だけでなく，他の学級でも道徳の授業を行うというものである。学年の教員が，1つの学級だけでなく，複数の学級の授業を担当することにより，組織的に道徳教育を進めていくことが可能となる。ローテーション道徳は，教員が1つの教材を用いて複数の学級で道徳の授業を行うことにより，自らの指導力を高める機会となり得る。また児童生徒も，ローテーションで様々な教員の授業を受けることにより，教員の多様な考え方に触れる機会となる。道徳の教科化により，道徳教育の充実が求められる今日，ローテーション道徳は，質の高い道徳の授業を提供するとともに，児童生徒はもちろんのこと，教員にとっても学びのある指導体制であると考えられる。

　以上確認してきたように，道徳教育の指導体制は，校長の方針の下に，道徳教育推進教師が調整役の役割を果たすことにより，全教職員の参加と協力によって構築されることが重要である。また校長が，学校における道徳教育の基本方針を決定し，道徳教育推進教師を任命することを踏まえるならば，校長のビジョンやリーダーシップが，何よりも重要であることは言うまでもないだろう。

3．学校，家庭，地域社会との連携

　学校における道徳教育を充実させ，道徳科の授業を質の高いものにしていくためには，家庭や地域社会との連携を深めることも重要となる。道徳教育の効果を一層高めるためには，保護者や地域の人々の積極的な参加や協力が必要であり，そのために学校は，道徳教育の基本方針や全体計画，年間指導計画等を主体的に地域社会へと発信していくことも大切になる。

　また道徳科の授業を公開し，保護者や地域の人々の参加や協力を得るなど，学校，家庭，地域社会が連携して，道徳教育の充実に向けて努力していく姿勢が重要である。そのための工夫として，①授業の実施への保護者の協力を得ること，②地域の人々や団体等外部人材の協力を得ること，③地域教

材の開発や活用への協力を得ることなど，様々な方法が考えられる。学校が家庭や地域社会と連携し，児童生徒の豊かな心を育むという目標を，保護者や地域の人々と共有することによって，道徳教育に対する意識の向上も期待できるのである。

　教育基本法と学校教育法の改正により，各学校種において道徳性を養うことが期待されていることを踏まえるならば，学校は，義務教育9年間のビジョンの下で，児童生徒の道徳性の育成を考えていく必要があるだろう。これまで領域の1つであった道徳は教科化され，小学校では2018（平成30）年から，中学校では2019（平成31）年から，「特別の教科　道徳」（道徳科）が実施されている。当然ながら，道徳が教科化されるまでには様々な議論があり，また教科化に対しても様々な意見があるにせよ，これを契機として，校長のリーダーシップの下，全教職員による協力体制を構築し，道徳教育の更なる充実に期待したい。

参考文献・URL

文部科学省「小学校学習指導要領（平成29年告示）」https://www.mext.go.jp/content/1413522_001.pdf（2020年6月14日閲覧）。

文部科学省「小学校学習指導要領（平成29年告示）解説　総則編」https://www.mext.go.jp/component/a_menu/education/micro_detail/__icsFiles/afieldfile/2019/03/18/1387017_001.pd）（2020年6月14日閲覧）。

文部科学省「小学校学習指導要領（平成29年告示）解説　特別の教科　道徳編」https://www.mext.go.jp/component/a_menu/education/micro_detail/__icsFiles/afieldfile/2019/03/18/1387017_012.pdf）（2020年6月14日閲覧）。

（塩津英樹）

Q3　平成29年度学習指導要領の改訂の要点について述べなさい

1．学習指導要領改訂の背景

　学習指導要領改訂の背景には，生産年齢人口の減少，グローバル化の進展，絶え間ない技術革新がある。これらにより，社会構造や雇用環境は大きく変化し，予測が困難な時代が到来している。また，急激な少子高齢化が進むなかで，一人ひとりが持続可能な社会の担い手として，その多様性を原動力とし，質的な豊かさを伴った個人と社会の成長につながる新たな価値を生み出していくことが期待されている。

　近年における人工知能（AI）の飛躍的な進化に見られるように，社会が大きく変化するなか，子どもには予測することが困難な社会を生きていくための資質・能力が求められている。このような資質・能力を，学習指導要領では，「知識及び技能」，「思考力，判断力，表現力等」，「学びに向かう力，人間性等」の3つの柱で整理したうえで，子どもの発達の段階や特性等を踏まえつつ，学校教育を通じて育成を目指すために，「主体的・対話的で深い学び」の実現に向けた授業改善が求められている。

　今回の学習指導要領改訂は，次の3点を基本的なねらいとしている。①子どもたちが未来を切り拓くための資質・能力を一層確実に育成することを目指すために，子どもたちに求められる資質・能力とは何かを社会と共有し，連携する「社会に開かれた教育課程」を重視すること，②知識及び技能の習得と思考力，判断力，表現力等の育成のバランスを重視する平成20年改訂の学習指導要領の枠組みや教育内容を維持したうえで，知識の理解の質を更に高め，確かな学力を育成すること，③道徳の教科化による道徳教育の充実や体験活動の重視，体育・健康に関する指導の充実により，豊かな心や健やかな体を育成すること，である。

2．学習指導要領改訂の要点

　学校の教育課程において，これまで道徳教育は「道徳の時間」を要として，学校の教育活動全体を通じて行われてきた。2001（平成13）年以降，当時の社会情勢と道徳教育の改善に対する期待を背景に，道徳の教科化に向けた議論が重ねられ，2014（平成26）年の中央教育審議会答申において，「道徳の時間」は，新たに「特別の教科　道徳」として制度上位置付けられ，充実を図ることが示された。その後，小学校では2018（平成30）年から，中学校では2019（平成31）年から実施されている。

　道徳が教科化された背景にはグローバル化の進展が挙げられる。日本においても，様々な文化的背景や多様な価値観を有する人々との共生が進むなか，多様性を尊重するとともに，多文化共生社会の構築が目指されている。学習指導要領においても，社会を構成する主体である一人ひとりが，多様な価値観の存在を認識し，自ら感じ，考え，他者と対話し協働しながら，よりよい方向を目指す資質・能力を備えることがこれまで以上に重要であると指摘されている。そして，このような資質・能力の育成に向けて，道徳教育は大きな役割を果たすことが期待されている。

（1）「特別の教科　道徳」の要点

　「小学校学習指導要領解説（特別の教科 道徳編）」を手がかりに，平成20年度学習指導要領からの改善点を踏まえつつ，「特別の教科　道徳」の要点について確認する。

① 　道徳科の位置付けと役割について

　道徳科は，これまでの「道徳の時間」と同様に，各教科，外国語活動，総合的な学習の時間及び特別活動など，学校の教育活動全体を通じて行われる道徳教育の要として位置付けられるとともに，道徳教育としては取り扱う機会が十分でない内容項目に関して，補充・深化・統合を行う役割を担っている。

② 　道徳教育のねらいの明確化

　道徳教育の目標について，学校の教育活動全体を通じて行う道徳教育の目標と道徳科の目標を「よりよく生きるための基盤となる道徳性を養う」とし

て，同一表現に改めるとともに，またよりよく生きていくための資質・能力を培うという趣旨を明確化するため，「道徳的実践力を育成する」という表現を，具体的に「道徳的な判断力，心情，実践意欲と態度を育てる」と改めた。これにより道徳教育のねらいが一層明確化されることになった。

③　子どもが主体的に道徳性を養うための工夫

道徳科においては，特定の価値観の押しつけにならないようにし，子どもが主体的に学ぶことができるように工夫する必要がある。子ども一人ひとりが，道徳的価値を，自分との関わりで捉えることが何よりも重要であり，子どもが自立した個人として，道徳的価値に向き合い，いかに生きるべきかを自ら考え続ける姿勢こそが道徳教育の求めるものである。それゆえ，道徳科の指導においては，子どもが道徳的価値を基に「自己を見つめる」ことができるような学習を通して，道徳性を養うことの意義について，子ども自らが考え，理解できるようにすることが大切となる。

④　現代的な課題についての対応

道徳科において扱う道徳的価値は，現代社会の様々な課題とのつながりが深い。子どもは，発達の段階に応じて，現代的な課題を身近な問題と結び付けて，自分との関わりで考えることが求められている。現代的な課題としては，情報モラル，食育，健康教育，消費者教育，防災教育，福祉に関する教育，法教育，社会参画に関する教育，伝統文化教育，国際理解教育，キャリア教育などがある。これらの課題に関する学習の際には，教師は子どもに，多様な見方や考え方があることを理解させ，答えが1つには定まらない問題を，多面的・多角的な視点から考え続ける姿勢を育てることが大切であり，子どもが自分とは異なる考えや立場についても理解を深められるように，十分配慮する必要がある。

（2）「特別の教科　道徳」と資質・能力の3つの柱

子どもたちが未来を切り拓くための資質・能力である「知識及び技能」，「思考力，判断力，表現力等」，「学びに向かう力，人間性等」を，子どもたちに一層確実に育成することを目指すため，道徳科においても「主体的・対話的で深い学び」を実現することが必要である。

道徳科における「主体的な学び」とは，子どもが，道徳的価値を自分との関わりで捉え，考えること。「対話的な学び」とは，子ども同士，子どもと教師，子どもと地域の人々との対話を通して，自分の考えを明確化すること。「深い学び」とは，物事を多面的・多角的に捉え，自分の立場だけでなく，様々な立場で考えることである。これらの学びを通じて，子どもは，道徳的価値についての深い理解が促され，子ども自身の内に形成された道徳的価値観を基盤として，自己の生き方についての考えを深めていくことができるようになる。

　今後の道徳教育においては，道徳的価値についての深い理解が促されるように，子どもに対する指導を工夫していく必要がある。そのためには，従来の「読み物道徳」から質的転換を図り，「考え，議論する道徳」の実現を目指していくことが要請されるのである。

参考文献・URL

文部科学省「小学校学習指導要領（平成29年告示）」https://www.mext. go.jp/content/1413522_001.pdf（2020年6月14日閲覧）。

文部科学省「小学校学習指導要領（平成29年告示）解説　総則編」 https://www.mext.go.jp/component/a_menu/education/micro_ detail/__icsFiles/afieldfile/2019/03/18/1387017_001.pdf（2020 年 6月14日閲覧）。

文部科学省「小学校学習指導要領（平成29年告示）解説　特別の教科 道徳編」https://www.mext.go.jp/component/a_menu/education/ micro_detail/__icsFiles/afieldfile/2019/03/18/1387017_012.pdf （2020年6月14日閲覧）。

（塩津英樹）

Ｑ４　「特別の教科　道徳」における「特別の」の意味について述べなさい

1．はじめに

　「特別の」という言葉は，いつ頃から出てきたのだろうか。そもそも，道徳教育を教科化する動きは，教育再生会議の「社会総がかりで教育再生を・第二次報告～公教育再生に向けた更なる一歩と『教育新時代』のための基盤の再構築～」（2007年6月1日）にまでさかのぼる。この報告には，「徳育を教科化し，現在の『道徳の時間』よりも指導内容，教材を充実させる」とある。その直後の2007年11月7日付けで公表された中央教育審議会の初等中等教育分科会　教育課程部会の「教育課程部会におけるこれまでの審議のまとめ」においては，種々の意見が出されている中の1つとして「道徳の時間を現在の教科とは異なる特別の教科として位置付け，教科書を作成することが必要」という意見が記載されている。その後，道徳教育の充実に関する懇談会の「今後の道徳教育の改善・充実方策について（報告）～新しい時代を，人としてより良く生きる力を育てるために～」（2013年12月26日）において，「道徳教育の要である道徳の時間を，例えば，『特別の教科 道徳』（仮称）として新たに教育課程に位置付けることが適当と考える」と述べられている。

　「特別の教科　道徳」という教科は，学習指導要領に「（以下「道徳科」という。）」という但し書きがある。そのように「道徳科」と呼ぶと，「国語科」や「社会科」といった教科との違いが埋もれてしまう。ここで，「特別の」の意味をおさえておくことは必要である。ちなみに仮訳によると，英語ではmorality, a special subject, Morality Periodとなっている。

　教育再生実行会議2013年2月の第一次提言を踏まえて設置された「道徳教育の充実に関する懇談会」の第8回の配布資料（資料2-2「教科」について）で，「昭和33年改訂時の解説では，『教科』には，（1）教員免許状，（2）

教科用図書，（3）評点による成績評価が伴うものであることを前提とした記述がみられる」という説明がある。そこで，これら３つの教科の要素に即して，「特別の教科　道徳」の性格をみていこう。

２．教員免許状

　教育職員免許法第２章第４条には，免許状の種類が列記されているが，そこに道徳の文字はない。つまり，道徳の教員免許は存在しない。「特別の教科　道徳」の授業を行うのは，原則として学級担任の教師とされている。加えて「道徳教育推進教師」を中心として指導体制を充実することが求められている（「道徳教育推進教師」については他項参照）。教科担任制をとる中学校でも，普通免許を有する全ての教師が道徳の授業をすることができるのは，教職課程において「道徳の理論及び指導法」の単位を修得することが，教育職員免許法施行規則において定められているからである。

３．教科用図書

　「特別の教科　道徳」においても，主たる教材として検定教科書が用いられることになった。学校教育法第34条に，「小学校においては，文部科学大臣の検定を経た教科用図書又は文部科学省が著作の名義を有する教科用図書を使用しなければならない」と定められ，中学校や義務教育学校に準用されるとされている。「特別の教科　道徳」の教科書の検定基準の基本的条件として，小学校および中学校の学習指導要領第３章の第３「指導計画の作成と内容の取扱い」の３の（1）に示す題材（すなわち，生命の尊厳，社会参画（中学校のみ），自然，伝統と文化，先人の伝記，スポーツ，情報化への対応等の現代的な課題など）の全てを取り上げることが規定されている（義務教育諸学校教科用図書検定基準〔平成29年８月10日文部科学省告示第105号〕）。

　小学校は平成28年度検定，平成30年度使用開始，中学校は平成29年度検定，平成31年度使用開始というスケジュールであった。小学校１年生用の教科書の検定に際して，文部科学省が「パン屋」を「和菓子屋」に変更するよう指示したとの言説が流布したことは記憶に新しい。この件に関しては，

「『パン屋』に関する記述に特定して検定意見を付した事実はない」との衆議院での答弁書が閣議決定されるという事態となった。

4．評点による成績評価

評価に関しては，道徳教育に係る評価等の在り方に関する専門家会議において議論が交わされ，報告書が提出された（2016年7月22日）。そこでは，他の児童生徒との比較による評価ではなく，児童生徒がいかに成長したかを積極的に受け止めて認め，励ます個人内評価として記述式で行うことに留意すべきことなどが示された。学習指導要領においては，「児童（生徒）の学習状況や道徳性に係る成長の様子を継続的に把握し，指導に生かすよう努める必要がある。ただし，数値などによる評価は行わないものとする」と定められている。また，文部科学省のホームページでは，「Q道徳が『特別の教科』になり，入試で『愛国心』が評価されるというのは本当ですか？道徳が評価されると，本音が言えなくなり，息苦しい世の中にならないか心配です」という疑問に対し，「A道徳科の評価で，特定の考え方を押しつけたり，入試で使用したりはしません」という回答が掲載されている。ただし，平成30年度公立小・中学校等における教育課程の編成・実施状況調査においては，道徳教育を実施するうえで課題や困難を感じることとして，「学習評価の妥当性や信頼性の担保」を挙げた学校の割合が小学校で76.9％，中学校で84.7％に上っており，客観性や信頼性を担保できる評価方法の提起が求められよう。

5．「要」としての性格

これら3つの教科の要素に加え，道徳教育の「要」としてのこの教科の性格にも言及しておきたい。学習指導要領の総則において，「学校における道徳教育は，特別の教科である道徳（以下「道徳科」という。）を要として学校の教育活動全体を通じて行うものであり，道徳科はもとより，各教科，（外国語活動，）総合的な学習の時間及び特別活動のそれぞれの特質に応じて，児童（生徒）の発達の段階を考慮して，適切な指導を行うこと」とされ

ている。つまり，学校における道徳教育は，特別の教科 道徳の授業のみではなく，学校教育活動全体を通して行われなければならない。

　以上のように，中学校において道徳専門の免許状が存在せず，原則として学級担任が授業を行う点，及び数値による評価は行わない点，加えて，道徳教育の要としての役割を担う点で，道徳科は「特別の」教科である。

参考文献・URL

教育再生会議（2007）「社会総がかりで教育再生を・第二次報告〜公教育再生に向けた更なる一歩と『教育新時代』のための基盤の再構築〜」https://www.kantei.go.jp/jp/singi/kyouiku/houkoku/honbun0601.pdf（2020年7月30日閲覧）。

道徳教育に係る評価等の在り方に関する専門家会議（2016）「『特別の教科 道徳』の指導方法・評価等について（報告）」https://www.mext.go.jp/component/b_menu/shingi/toushin/__icsFiles/afieldfile/2016/08/15/1375482_2.pdf（2020年7月31日閲覧）。

中央教育審議会 初等中等教育分科会 教育課程部会（2007）「教育課程部会におけるこれまでの審議のまとめ」https://www.mext.go.jp/content/1292164_1.pdf（2020年7月30日閲覧）。

道徳教育の充実に関する懇談会（2013）「今後の道徳教育の改善・充実方策について（報告）〜新しい時代を，人としてより良く生きる力を育てるために〜」https://www.mext.go.jp/b_menu/shingi/chousa/shotou/096/houkoku/__icsFiles/afieldfile/2013/12/27/1343013_01.pdf（2020年7月30日閲覧）。

道徳教育の充実に関する懇談会（第8回）資料2-2「教科」についてhttps://www.mext.go.jp/b_menu/shingi/chousa/shotou/096/shiryo/attach/1340551.htm（2020年7月30日閲覧）。

文部科学省HP「道徳教育」https://www.mext.go.jp/a_menu/shotou/doutoku/（2020年7月31日閲覧）。

（川上若奈）

Q5　学校の道徳教育に関する家庭や地域との連携について説明しなさい

1．家庭や地域との連携はなぜ必要とされるのか

　学校における道徳教育について，家庭や地域との連携が求められている。これについては，小・中学校における2017（平成29）年改訂学習指導要領総則の「第6　道徳教育に関する配慮事項」の項目で「学校の道徳教育の全体計画や道徳教育に関する諸活動などの情報を積極的に公表したり，道徳教育の充実のために家庭や地域の人々の積極的な参加や協力を得たりするなど，家庭や地域社会との共通理解を深め，相互の連携を図ること。」と示されている。学校における道徳教育は，子どもたちの道徳性を養うことを目標としているが，道徳性は，学校生活だけではなく，家庭や地域においても，養われるものである。そのため，学校における道徳教育を推進するにあたっては，学校・家庭・地域の日ごろからの継続的な連携が重要なのである。

2．学校における道徳教育の情報発信

　学校における道徳教育の全体計画や道徳教育に関する諸活動などの情報を積極的に公表していくことは，家庭や地域の人々の理解・協力を得るうえで重要である。家庭や地域の人々へ向けて情報発信をする具体的な方法としては，次のような方法が考えられる。

（1）学校ホームページの活用

　すでに多くの学校がホームページを開設し，インターネットを活用した情報発信を行っている。具体的には，学校ホームページで道徳教育の全体計画を公表したり，各学級における「特別の教科　道徳」（以下，道徳科）の授業の様子を掲載したりすることが行われている。ホームページを活用することによって，その日行った実践を即座に紹介することができる。また，これらの学校の取り組みに対する感想・意見を集約することもでき，有益である。

（2）学校だより・学級だよりの活用

　学校だよりは，児童生徒の保護者のみに配布するだけでなく，学校や地域の掲示板に掲載することによって，地域の方々に対して情報を発信することができる。また，学級だよりでは，学級の児童生徒の様子をより詳しく情報伝達することが可能であり，この点に大きな意義がある。通常の学級だよりに加えて，「道徳通信」などといった名称で，道徳教育に関する取り組みに特化した広報物を，年間数回にわたって発行することも有効である。

3．家庭や地域の人々の積極的な参加・協力

　家庭や地域の人々の積極的な参加・協力は，学校の道徳教育を推進していくうえでの重要なポイントであり，児童生徒により深い学びを与えてくれる取り組みとして期待できる。具体的には，次のような実践が考えられる。

（1）道徳科授業の公開

　道徳科の授業を公開することは，学校における道徳教育への理解・協力を家庭や地域から得るために有効である。通常の授業参観日に加え，地域の人々も自由に参観できるような，自由参観日・学校公開日の実施が望まれる。また，道徳科で取り上げるテーマに関するアンケートに回答してもらったり，ゲストティーチャーとして授業に招いたりする取り組みなども考えられる。

（2）家庭や地域の人々との相互交流

　学校・家庭・地域の人々の相互交流の場を設定することで，三位一体となった道徳教育の促進が期待できる。学校の道徳教育の取り組みについての感想・意見や，家庭や地域における児童生徒のよさや成長についての情報共有は，道徳教育に関する実践の構築における重要な手がかりとなるのである。

参考文献

永田繁雄・島恒生（2010）『道徳教育推進教師の役割と実際』教育出版。

七條正典・植田和也（2016）『道徳教育に求められるリーダーシップ』美巧社。

（板橋雅則）

Q6　幼児期における子どもの道徳性とその育成について述べなさい

1．幼児期の終わりまでに育ってほしい 10 の姿と道徳性

　近年，幼児教育施設の違いを超えて，全ての子どもが同じ質やレベルの教育を受けられるように保障することが強く望まれている。2018（平成30）年には「幼稚園教育要領」「保育所保育指針」「幼保連携型認定こども園・保育要領」が同時に改訂（告示2017年）された。「幼稚園教育要領」と「保育所保育指針」に関しては，教育基本法改正（2006年）を受けた前回の2008（平成20）年改訂で，両者の位置付けが対等になり，2014（平成26）年から新たに施行された「幼保連携型認定こども園・保育要領」では，「幼稚園教育要領」および「保育所保育指針」との整合性の確保が求められているように，幼児教育の内容や質を 3 つの幼児教育施設において，そろえていこうとしている。今回の一斉改正の大きな特徴として，「幼児期の終わりまでに育ってほしい10の姿」が新たに示されたことが挙げられる。

　この10の姿とは「生きる力の基礎を育む（幼稚園・幼保連携型認定こども園），あるいは生涯にわたる生きる力の基礎を培う（保育所）という目的のもと，一体的に資質・能力が育まれた結果」としての「幼児の幼稚園・こども園・保育所修了時（小学校就学時）の具体的な姿」であり，子どもを指導していくうえで考慮するものとして示されている。「道徳性・規範意識の芽生え」については，10の姿の 4 項目に，「友達と様々な体験を重ねる中で，してよいことや悪いことが分かり，自分の行動を振り返ったり，友達の気持ちに共感したりし，相手の立場に立って行動するようになる。また，きまりを守る必要性が分かり，自分の気持ちを調整し，友達と折り合いを付けながら，きまりを作ったり，守ったりするようになる。」と説明されている。

　つまり，我が国においては，小学校入学時の満 6 歳の子どもは「自分の欲求について，それはしてもよいことか，悪いことかを判断すること」や「友

だちとケンカをしたときなどには、自分の行動を振り返り反省すること」、「遊具やおもちゃなどを分け合い、譲り合うなど、相手の気持ちを思いやること」や「円滑に生活するためには、ルールが必要であることを理解し、それを守ろうとすること」がすでにできると期待されるということであろう。これらの具体例から読みとれる道徳性のキーワードは「友達」という「他者」との「共存」であり、そこに芽生える「共感」という心の動きである。幼児教育施設や家庭では、これらの道徳的な資質・能力の獲得を目指し、子どもを導くわけであるが、乳児期・幼児期を通して子どもの道徳性はどのように芽生え、育つのであろうか。

2．道徳性の芽生え—乳児期の不快と快の経験—

　生まれたばかりの乳児は泣くことで生理的な不快を訴える。乳児初期の主体的行為は自己の不快を取り除くためのアクションである。不快が取り除かれたら泣き止み、笑う。その繰り返しの中で、不安・安心という感情が育つと、自分にとっての不快や不安を回避し、快や安心を求めようとする。やがて自分以外の「他者」という存在を知り、他者にも不快と快、不安と安心があることを知る。「14カ月の男の子は、友だちが泣いていると悲しい顔をして、その友人の手をやさしくとり、そばにその友人の母親がいるのに、自分自身の母親のところへつれて行く。」（ホフマン、2001）という事例に見られるように、1歳を過ぎた子どもは他者の「不快・不安」に共感し、それを取り除こうとする行動をとることができる。この段階の乳児は自己と他者とは身体的に別のものであり、他者の「不安・不快」が自己のものではないこともわかっているうえで、向社会的動機から他者を助けようとする。一方で、他者も自分と同じ方法で「不安・不快」を回避できると信じているとはいえ、自他を認知し、他者に共感するという道徳性の萌芽は、すでに乳児期から確認できるのである。

3．道徳性の習得—他者との関わりの中で「快」と「心地よさ」
　　の経験—

　子どもが成長するにしたがって、不快や不安を取り除いてくれる存在で

あった母親をはじめとする大人は，子どものしたいことを禁止し，したくないことを要求するようになる。ここで，子ども自身が求める自己の「快的状況」と，他者および子ども自身も含める集団の「快的状況」が必ずしも一致しないことを知る。さらに，家族や幼児教育施設といった集団生活の中で，自分にとっての「快」を強引に獲得することが必ずしも「心地よさ」につながらないことを経験的に習得していく。

　例えば，1つしかない鉄棒で逆上がりの練習をしている子どもが，友達が待っていることを知っている場合，「できるようになるまでやりたい」という自分の欲求と「友達と交代してあげる」思いは矛盾する。鉄棒の独り占めを続けたら「交代して」と要求されるであろうし，「自分勝手」と非難されるかもしれない。ここで「やり続けたい」という自分の気持ちを抑えて交代したら，友達は喜び，先生にも褒められる。こうした葛藤場面の中で，自分にとっての「快」を譲歩しても，その集団の中での「心地よさ」が得られることを知る。このような経験を日常的に積み重ねていきながら，幼児は「自分の気持ちを抑制する」「自分の行動を振り返る」「友達の気持ちに気が付き，相手の立場になって考える」「きまりを守る」などの道徳性・規範意識を身に付けていくと考えられる。

4．幼児期の道徳性の育成―共感する力を培う―

　しかし，幼児期の子どもの行動は本質的に自分の欲求に基づくものであり，自分の振る舞いが許容されるか否かの判断は，まだ周囲の反応から察知するという他律的なものである。したがって幼児期の子どもには周囲の大人の適切な働きかけなくしては道徳性を培うことはできない。幼い子どもに省察を促す端的な問いは「あなたは他人のことを考えることができるかどうか」であろう。「共感は他人に対する人間的関心の芽生えであって，社会的生活を可能にする接着剤」であるとマーチン・ホフマン（M. Hoffman）（2001）が指摘するように，「共感」する力は道徳的な態度を育成するうえで重要な資質である。他者との共感による「心地よさ」は自己の欲求と他者や集団の要求の間での葛藤を解消する力になり，やがて道徳的な行動選択を自

覚的にする力になるであろう。

　霊長類の社会的知能研究における世界的な第一人者であるフランス・ドゥ・ヴァール（F. de Waal）（2014）は，道徳性について「原初から存在する根源的な深い価値観」つまり「集団生活の生存価」に由来するという見解を示している。「集団に所属し，仲良くやっていき，愛し愛されたいという願望があるから，私たちは全力を挙げて，自分が依存する人たちと良好な関係を保とうという気になる」ということである。元来，人間（霊長類）がもち合わせる「集団の中で愛し，愛されたい」という感情が道徳性の根源的な価値観を形成しているのであれば，幼年期の「愛し，愛される」経験は道徳性発達の根幹と言えるであろう。

参考文献・URL

マーチン・ホフマン（菊池章夫・二宮克美訳）（2001）『共感と道徳性の発達心理学——思いやりと正義とのかかわりで』川島書店。

ローレンス・コールバーグ（岩佐信道訳）（1987）『道徳性の発達と道徳教育——コールバーグ理論の展開と実践』麗澤大学出版会。

フランス・ドゥ・ヴァール（柴田裕之訳）（2014）『道徳性の起源——ボノボが教えてくれること』紀伊國屋書店。

文部科学省HP（教育＞幼児教育・家庭教育＞幼児教育の振興＞幼稚園の教育内容等）https://www.mext.go.jp/a_menu/shotou/youchien/1258019.htm

厚生労働省HP（子ども・子育て支援＞保育関係＞5保育所保育指針関係）https://www.mhlw.go.jp/stf/seisakunitsuite/bunya/kodomo/kodomo_kosodate/hoiku/index.html

内閣府HP（認定こども園＞告示文・解説・要領）https://www8.cao.go.jp/shoushi/kodomoen/kokuji.html

（小笠原文）

第**7**章

学校における道徳教育の目標・内容

▌Q1 教育基本法，学校教育法と道徳教育の要点について述べなさい

1．教育基本法改正の経緯とその要点

　2000（平成12）年3月，21世紀の日本を担う創造性の高い人材の育成を目指し，教育の基本に遡って幅広く今後の教育のあり方について検討をすることを目的に「教育改革国民会議」が発足した。同会議は，小渕恵三総理大臣の私的諮問機関として設置され，計14回開催された後，同年12月に，江崎玲於奈座長より森喜朗総理大臣に，報告書「教育を変える17の提案」が提出された。同報告において，15の具体的施策とともに，教育基本法の見直しと教育振興基本計画の策定の必要性が提言された。

　2001（平成13）年11月26日，遠山敦子文部科学大臣より中央教育審議会へ「教育振興基本計画の策定」と「新しい時代にふさわしい教育基本法の在り方」について諮問がなされた。1947（昭和22）年に教育基本法が制定された当時とは社会が大きく変化しており，また家庭，学校，地域社会における教育に関する様々な問題を踏まえ，新しい時代にふさわしい教育基本法の在り方を考え，その見直しに取り組むことが求められたのである。その後，審議を経て，2003（平成15）年3月20日，中央教育審議会は「新しい時代にふさわしい教育基本法と教育振興基本計画の在り方について（答申）」を提出した。同答申を踏まえ，教育基本法改正に向けての検討を経て，2006

（平成18）年12月15日，新しい教育基本法が，第165回臨時国会において成立し，12月22日に公布・施行された。これにより，1947（昭和22）年に公布・施行された教育基本法は，約60年ぶりに改正されるに至った。

改正教育基本法は，前文と18の条文から成り，旧教育基本法と同様に，前文において，「民主的で文化的な国家」の発展と「世界の平和と人類の福祉の向上」への貢献を掲げるとともに，その理想を実現するため，「個人の尊厳」を重んずることに加え，新たに「公共の精神」の尊重，「豊かな人間性と創造性を備えた人間」の育成，「伝統の継承」を規定した。旧教育基本法の普遍的な理念を保持しつつ，時代の変化により，今後重要となる事柄を明確にした。

また，「教育の目的」（第1条）として，「人格の完成」と「国家・社会の形成者として心身ともに健康な国民の育成」を規定した。また，この目的を実現するため，今日重要と考えられる事柄を下記の5つに整理し，「教育の目標」（第2条）として新たに規定した。

① 幅広い知識と教養を身に付け，真理を求める態度を養い，豊かな情操と道徳心を培うとともに，健やかな身体を養うこと。

② 個人の価値を尊重して，その能力を伸ばし，創造性を培い，自主及び自律の精神を養うとともに，職業及び生活との関連を重視し，勤労を重んずる態度を養うこと。

③ 正義と責任，男女の平等，自他の敬愛と協力を重んずるとともに，公共の精神に基づき，主体的に社会の形成に参画し，その発展に寄与する態度を養うこと。

④ 生命を尊び，自然を大切にし，環境の保全に寄与する態度を養うこと。

⑤ 伝統と文化を尊重し，それらをはぐくんできた我が国と郷土を愛するとともに，他国を尊重し，国際社会の平和と発展に寄与する態度を養うこと。

このように，改正教育基本法の「教育の目的」（第1条）と「教育の目標」（第2条）において，教育の目的と理念，育成すべき資質と態度が具体的に

明示されることになったのである。

2．学校教育法改正の経緯とその要点

　2006（平成18）年12月に，約60年ぶりに教育基本法が改正されたことを踏まえ，2007（平成19）年1月，教育再生会議の第一次報告「教育総がかりで教育再生を〜公教育再生への第一歩〜」において，「学校教育法の改正」を始めとする教育3法の改正が提言された。その後，中央教育審議会における審議を経て2007（平成19）年3月10日，「教育基本法の改正を受けて緊急に必要とされる教育制度の改正について（答申）」が提出された。それを踏まえ，改正学校教育法は，6月27日に公布されるに至った。

　改正学校教育法における要点は，新たに義務教育の目標を規定したこと，また幼稚園から大学までの各学校種における教育の目的と目標の見直しを行ったことである。改正教育基本法の「義務教育」（第5条）において，「各個人の有する能力の伸長」，「社会において自立的に生きる基礎を培うこと」，「国家及び社会の形成者としての必要とされる基本的な資質を養うこと」という普通教育の目的を規定したこと，また義務教育の実施にあたり，国と地方公共団体の責務などが規定された趣旨を踏まえ，改正学校教育法（第21条）において，「義務教育として行われる普通教育」に関しては，達成すべき目標として10項目からなる目標が掲げられた。その際，「規範意識」，「公共の精神」，「主体的に社会の形成に参画する態度」，「生命及び自然を尊重する精神」，「環境の保全に寄与する態度」，「伝統と文化の尊重」，「我が国と郷土を愛する態度」，「他国の尊重」，「国際社会の平和と発展に寄与する態度」などが新たに規定されることになった。

3．各学校種における道徳教育との関連について

　2015（平成27）年3月27日，学校教育法施行規則の一部を改正する省令が公布され，小学校及び中学校における教育課程において，従来の「道徳の時間」は，「特別の教科である道徳」と改められ，小学校では2018（平成30）年4月から，中学校では2019（平成31）年4月から，「特別の教科　道

徳」が実施された。道徳教育は，教育基本法および学校教育法に定められた教育の根本精神に基づいて実施され，また改正教育基本法の「教育の目標」（第2条）において，「豊かな情操と道徳心を培う」ことが明記されたことを踏まえ，各学校種においても道徳性の育成が重視された。

　幼稚園においては，各領域を通した総合的な指導を通じて，「幼児期の終わりまでに育ってほしい姿」の中に，「道徳性・規範意識の芽生え」が盛り込まれている。また小・中学校では，「特別の教科　道徳」を要として，学校の教育活動全体を通じて，道徳性を養うことを目標としている。さらに高等学校においては，「人間としての在り方生き方」に関する教育を，学校の教育活動全体を通じて行うことが期待されている。

　以上のように，幼稚園から高等学校までの各学校種において，幼児・児童・生徒の発達段階を踏まえつつ，一貫して道徳性の育成を目指すことが期待されたのである。

参考文献・URL

文部科学省「教育基本法について」https://www.mext.go.jp/b_menu/kihon/houan.htm（2020年6月26日閲覧）。

文部科学省「教育三法の改正について」https://warp.ndl.go.jp/info:ndljp/pid/11293659/www.mext.go.jp/a_menu/kaisei/index.htm（2020年6月28日閲覧）。

文部科学省「平成29・30年改訂　学習指導要領，解説等」https://www.mext.go.jp/a_menu/shotou/new-cs/1384661.htm（2020年6月28日閲覧）。

（塩津英樹）

Q2　2017（平成29）年改訂学習指導要領に示される道徳教育の目標を説明しなさい

1．人格の基盤となる道徳性の育成

　2017（平成29）年改訂学習指導要領では，道徳教育の目標について次のように書かれている。「道徳教育は，教育基本法及び学校教育法に定められた教育の根本精神に基づき，自己の生き方（人間としての生き方）を考え，主体的な判断の下に行動し，自立した人間として他者と共によりよく生きるための基盤となる道徳性を養うことを目標とすること。」（括弧内は中学校）

　教育基本法では教育の目的を「人格の完成」としているが，このような教育の根本精神に基づくことが前提となる。そしてこの「人格の完成」の基盤となるのが「道徳性」であり，道徳教育はまずもって道徳性の育成を目指すものである。

（1）道徳性を養う

　「道徳性」とは，「人間としてよりよく生きようとする人格的特性」とされる。「人格」はすぐれた人間性であり，「特性」はそのものの優れた性質を意味するのであるから，道徳性とは人間としてよりよく生きようとする「人間特有のよさ」とも言える。道徳教育は他の動物にはないと考えられる「人間特有のよさ」を育成するのである。また，道徳性は「道徳的判断力」，「道徳的心情」，「道徳的実践意欲と態度」といった諸様相で構成されているとされる。

（2）自己の生き方（人間としての生き方）を考える

　道徳教育は，小学校段階では「自己の生き方」について児童が考えることができるようにするものである。児童に，現在の自己を受け止め，よりよくなろうとする姿をイメージし，それに向けて努力するという自己像をもたせることが大事である。

　中学校段階ではさらに，「人間としての生き方」について生徒が考えるこ

とができるようにすることが求められる。中学生の時期は，人生に関わるいろいろな問題についての関心が高くなる時期である。人生の意味をどこに求めるのか，いかによりよく生きるか，これらの人間としての生き方を主体的に模索し始める時期である。また，この人間としての生き方についての自覚は，「人間とは何か」という探求と深く関わっている。人間とはどういう存在であるのかを折に触れて探求させることが，人間としての生き方についての理解につながっていく。このように中学校段階では，生徒が人間とは何かを探求することを通じて，人間についての理解を深めながら，自己を見つめていくようにしていくことが求められる。

（3）主体的な判断の下に行動する

道徳教育は，児童生徒の「主体的な判断」の下での行動を促すことが大切にされる。児童生徒が，自律した行為，自立した生き方を自ら思い描き，学校，家庭，地域の中で，自分らしい生き方をどのように実現していくのかが重要となる。そのためには，児童生徒に，自分なりの問題意識や方向性をもたせたうえで，自分なりの判断をさせていくような指導が必要である。

（4）自立した人間として他者と共によりよく生きる

そのうえで，社会的に自立した存在を目指す主体性ある人間同士が他者と豊かに生きること，そして児童生徒がそのような自己を志向するようになることが目指されている。ここで求められる「自立した人間」は，他者と切り離された存在ではなく，「他者と共に」生きる存在としての自己である。つまり，他者と主体的に適切な関係をもち，よりよい社会の実現を目指そうとする社会的な存在としての自己を目指すことが求められる。

これは言わば，縦の「時間軸」の中で，過去から未来へとよりよい存在になろうとする「よりよく生きる」自己が，同時に横の「空間軸」の中で，他者と「共に生きる」ことを目指したときに，「共によりよく生きる」方向へと高まり広がることができるということである。

2．発達段階への配慮

学校における道徳教育は，以上のことを目指して，児童生徒の発達の段階

を踏まえて行われなければならない。小学校においては，6学年の発達の段階を考慮するとともに，小学校入学以前の幼児期の発達の段階を踏まえ，中学校の発達段階への成長の見通しをもって指導を行う必要がある。また中学校においては，3学年における発達の段階を考慮するとともに，前段階の小学校高学年における指導との接続と，後の段階の高等学校等における「人間としての在り方生き方」に関する教育の見通しをもって行われなければならない。

　ただし，多くの児童生徒がその発達段階に達するとされる年齢は，目安と考えられるものである。児童生徒一人ひとりはそれぞれ異なった個性をもち，能力・適性，興味・関心，性格等の特性が異なっている。発達の段階を前提としつつも，個々人としての特性等から捉えられる個人差に配慮することが重要となる。個々の児童生徒の実態を絶えず把握するよう努めてこそ，適切に指導を行うことが可能となる。

参考文献

赤堀博行（2017）『「特別の教科　道徳」で大切なこと』東洋館出版社。

永田繁雄編著（2016）『平成28年版小学校新学習指導要領の展開　特別の
　　教科　道徳編』明治図書出版。

西野真由美編著（2020）『新訂　道徳教育の理念と実践』放送大学教育振
　　興会。

（原口友輝）

Q3 2017（平成29）年改訂学習指導要領に示される「特別の教科　道徳」の目標は何か，2008（平成20）年改訂学習指導要領との違いを踏まえながら述べなさい

1．道徳科の目標

　「特別の教科　道徳」がスタートしたことによる大きな変化は２つある。１つは，「道徳科」が「教科」の中に位置付けられたことである。これまでは1958（昭和33）年の「道徳の時間」特設以降，各学校，各学級に任されていた道徳の授業が，一律に教科としての対応と指導を求められるようになった。もう１つは，「特別の」教科になったことである。国語や社会とは異なり，それらの教科を包み込む「特別の」教科として位置付けられている。

　2017（平成29）年改訂学習指導要領によると，「道徳科」の目標は次のように書かれている。「よりよく生きるための基盤となる道徳性を養うため，道徳的諸価値についての理解を基に，自己を見つめ，物事を（広い視野から）多面的・多角的に考え，自己の（人間としての）生き方についての考えを深める学習を通して，道徳的な判断力，心情，実践意欲と態度を育てる。」（括弧内は中学校。）以下順に解説する。

（1）道徳性を養う

　道徳科が目指すものは，主体的な判断に基づいて道徳的実践を行い，自立した人間として他者と共によりよく生きるための基盤となる道徳性を養うことである。これは道徳教育全体の目標と同様である。ただし，それぞれ性格の違いがある。道徳教育全体では，全教育活動を通じた全体的・間接的な指導を通して道徳性を養うのに対し，道徳科では，計画的，発展的な授業での直接的な指導を通して道徳性を養うのである。

　「道徳性」とは，「人間としてよりよく生きようとする人格的特性」とされ，道徳教育は道徳性を構成する諸様相である道徳的判断力，道徳的心情，

道徳的実践意欲と態度を養うことを求めている。

　それらの諸相についてはのちに述べるとして，先に前回の2008（平成20）年改訂学習指導要領との違いを見ておきたい。そこでは，「道徳の時間」の目標が「道徳的実践力」の育成となっていた。これはしばしば「道徳的実践」と対比されていた。挨拶を例にとれば，挨拶をするという道徳的実践は日ごろの生活で指導・実行されるべきものであり，「道徳の時間」は挨拶を可能にするような道徳的実践力を育てるものとされていた。つまり授業は道徳的実践を直接促すものではなく，それを可能にさせるような力を育てるべきという一般的な理解があったのである。「挨拶をしようとする心」を育てるのが道徳の授業であって，挨拶の場面を想定して実際にやってみる体験的な活動や，現実場面でどのように挨拶をしたらよいのかといった問題解決的な学習を行うのは，道徳の授業には適さないと考えられる傾向にあった。しかし2017（平成29）年改訂学習指導要領では，それらの体験的な活動等も道徳の授業として認められることが明示されている。

（2）道徳的諸価値についての理解を基に自己を見つめる

　道徳性を養うためにはまず，「道徳的諸価値」についての理解を基にすることが求められる。「道徳的価値」とは，よりよく生きるために必要とされるものであり，人間としての在り方や生き方の礎となるものであるとされる。この道徳的（諸）価値を児童生徒の発達段階に応じて取りまとめたものが，「内容項目」である。内容項目とは道徳的諸価値のリストと考えてもよい。道徳的諸価値を，人間としてよりよく生きるうえで大切なことであると理解させることが求められている。

　このような「価値理解」とあわせて，「人間理解」，「他者理解」を図ることが重要である。道徳的価値はなかなか実現することができない。そうした人間の弱さなども理解させていく。また道徳的価値を実現したり，実現できなかったりする場合の感じ方，考え方は人によって異なる。感じ方，考え方が人によって異なることを前提として，登場人物の悩みや迷いを想像したり，互いの感じ方について意見交換したりすることで，多様な感じ方，考え方が表れ，他者理解が深まっていく。

前回の2008（平成20）年改訂学習指導要領では，「道徳的価値及びそれに基づいた人間としての生き方についての自覚を深め」と書かれていた。この「自覚を深め」という記述が一因となって，道徳的価値の意味を理解させ，それを児童生徒の心に落とし込もうとする授業が目指されがちであった。つまり，ともすれば教師が一定の価値を児童生徒に教え込む授業が行われる傾向があった。その意味で，今回の2017（平成29）年改訂学習指導要領では，価値を教え込む授業を避けるよう配慮されていると言える。

　とはいえ，「道徳的価値の自覚」という考え方自体は現在でも変わっていない。道徳科の指導の目指すものは個々の道徳的行為や日常生活の問題処理に終わるものではなく，児童生徒が時と場に応じて望ましい行動がとれるような「内面的資質」を高めることにある。すなわち，道徳科は，どのような場面でどのような行為をすることが望ましいのかといった表面的な行為の仕方そのもののみを指導する時間ではない。一方で，道徳的価値について教師が説明したものを理解するだけの時間でもない。知識として理解すること自体が目的ではなく，理解を深めて道徳性を養うことが目的である。授業でねらいとする道徳的価値を言わば「窓口」として，それについて児童生徒自身がどのように捉え，どのような葛藤があるのか，また自分はその道徳的価値を実現することにどのような意味を見いだすのかなど，道徳的価値を自分の生き方との関わりにおいて捉える時間であるとされている。

（3）物事を（広い視野から）多面的・多角的に考える

　このように，児童生徒が道徳的諸価値を「窓口」としながら自己を見つめると同時に，物事を多面的・多角的に考えることが求められている。社会が大きく変化する中で，人々の価値観は多様化してきた。その多様な価値観の存在を前提として，他者と対話し協働しながら物事を多面的・多角的に考えていくよう指導していく必要がある。

　中学校段階では，小学校段階の「物事を多面的・多角的に考え」るという記述に加え，「広い視野から」という文言が入っている。児童は小学校段階では学校生活や家庭生活など，身近な社会を中心に生活している。一方で，中学校段階では，自分を取り巻く社会的な課題について，より広い視野から

考えられるようになっていく。したがって，中学校においては，友達同士の感じ方，考え方の違いだけでなく，広く社会に存在する価値観の違いなどもあわせて幅広い視野から考えるようにしていく必要がある。

（4）自己の（人間としての）生き方についての考えを深める

児童生徒は道徳的諸価値についての理解を基に，自己を見つめ，物事を多面的・多角的に考える活動を通じて，自分の生き方について考えていく。小学校段階で重要なのは，他者の多様な感じ方や考え方に触れることで，身近な集団の中で自分の特徴などを知り，伸ばしたい自己を深く見つめられるようにすることである。また，これからの生き方の課題を考え，それを自己の生き方として実現していこうとする思いや願いを深めることができるようにすることである。

また中学生の時期は，物事を幅広く見ることができるようになる時期である。そしてそれに伴い，いかによりよく生きるかという「人間としての生き方」を主体的に模索し始める時期である。単に自分はどう生きていくかというだけではない。「人間とは何か」「人間としてどう生きていくべきか」といった問いに照らしながら，自分の生きる意味や自己の存在価値について，全人格をかけて探究していくのである。そのことが「人間としての生き方についての考えを深め」という表現で表されている。したがって，このような観点に立って，生徒が「人間としての生き方」について考えを深められるように様々な指導方法を工夫していく必要がある。

（5）道徳的判断力，心情，実践意欲と態度を育てる

道徳性は，道徳的な判断力，道徳的心情，道徳的実践意欲と態度という諸様相からとらえられる。

「道徳的な判断力」とは，様々な場面において善悪を判断する能力であり，人間としてどのように対処していくことが望ましいかを判断する能力である。道徳的な判断力をもつことによって，それぞれの場面において機に応じた道徳的行為が可能になる。道徳的な判断力を育てるためには，実際に児童生徒に判断させる場面を作るなど，判断力を高めるための活動がなされなければならない。また判断に必要な材料（教材）を提供したり，児童生徒に意

見交換をさせたり議論させたりするなどの活動をすることも，必要となるだろう。

「道徳的心情」とは，道徳的価値の大切さを感じ取り，善を行うことを喜び，悪を憎む感情である。人間としてのよりよい生き方や善を志向する感情である。人間は感情や気持ちを動機として行動することが多い。道徳的心情は道徳的行為への動機として作用するものである。したがって授業においては，道徳的心情を育てるために物語教材の登場人物に共感させる活動が行われることが多い。

以上の２つについて，従来は「道徳的な心情」が先に書かれていたが，2017（平成29）年改訂学習指導要領では「道徳的な判断力」が先になった。それは，道徳の授業は「道徳的心情」を育てるものであるという理解が，これまで一般的となってしまっていたためである。それゆえに，もっぱら教材の中の登場人物の「気持ち」や「心」を児童生徒に問い続ける授業が行われる傾向があり，「気持ち悪いほど気持ちを聞く」とも批判されていた。道徳的心情の育成は引き続き目指されなければならないが，それだけに偏るべきではない。

「道徳的実践意欲」とは，道徳的心情や道徳的判断力を基盤とし，それらによって価値があるとされた行動をとろうとする意欲や意志とされる。また「道徳的態度」とは，道徳的判断力や道徳的心情に裏付けられた具体的な道徳的行為への「身構え」であると言われる。なお，「態度」は人間の感情や意志が表に出た状態を指すことが多いが，ここでは感じ方，考え方や傾向性など，内面的なものに相当する。これらを育成するには，「学んだことを生かして今後はどうしていきたいか」などを考えさせる活動を行うことができる。

参考文献

西野真由美編著（2020）『新訂　道徳教育の理念と実践』放送大学教育振興会。

浅見哲也（2020）『こだわりの道徳授業レシピ——あなたはどんな授業がお好みですか？』東洋館出版社。

（原口友輝）

Q4　道徳科における「道徳的諸価値」について説明しなさい

1．はじめに

　1958（昭和33）年の学校教育法施行規則の一部改正及び学習指導要領道徳編の告示によって正式に開始された「道徳の時間」は，2015（平成27）年3月27日の学習指導要領一部改正により，「特別の教科　道徳」（以下，道徳科）と名称を変え，小学校では2018（平成30）年度から，中学校では2019（平成31）年度から正式実施されている。

　この教科化へと至る経緯のなかで，中央教育審議会から「道徳に係る教育課程の改善等について」（平成26年10月21日）答申が出されているが，この答申のなかの道徳教育及び道徳科の改善の方向性の1つとして，「目標を明確で理解しやすいものに改善すること」が挙げられている。

　すなわち，「小学校学習指導要領解説　特別の教科　道徳編」によれば，「道徳教育の目標と道徳科の目標を，各々の役割と関連性を明確にするため，道徳科の目標を『よりよく生きるための基盤となる道徳性を養う』として，学校の教育活動全体を通じて行う道徳教育の目標と同一であることが分かりやすい表現」に改めている。それに加えて，「道徳的価値」についても，「自分との関わりも含めて理解し，それに基づいて内省し，多面的・多角的に考え，判断する能力，道徳的心情，道徳的行為を行うための意欲や態度を育てるという趣旨を明確化するため，従前の『道徳的価値の自覚及び自己の生き方についての考えを深め』ることを，学習活動を具体化して『道徳的諸価値についての理解を基に，自己を見つめ，物事を多面的・多角的に考え，自己の生き方についての考えを深める学習』」（同上 p.4　下線部筆者）に改めている。ここで「道徳的価値」という文言が「道徳的諸価値」という文言に改められているのは，子どもたちがこれまでの生活経験や多くの人々との触れ合いの中で身に付けてきた道徳的諸価値を基に，道徳科における学びや，教

師と児童（生徒），児童（生徒）同士の語り合いを通して，複数の道徳的諸価値を比較し，多面的多角的に考えていくことが意図されているからである。

2．「道徳的諸価値についての理解」とは何か

（1）「道徳的諸価値」についての理解

ここでは，従前の「道徳的価値の自覚」から「道徳的諸価値についての理解」に文言が変更されていることについてさらに考えてみたい。

まずは，小学校及び中学校における道徳科の目標を，「道徳的諸価値についての理解」と関連付けながら確認しておこう。

【小学校】

　第1章総則の第1の2の（2）に示す道徳教育の目標に基づき，よりよく生きるための基盤となる道徳性を養うため，道徳的諸価値についての理解を基に，自己を見つめ，物事を（筆者注：中学校では，「広い視野から」を追加）多面的・多角的に考え，自己（筆者注：中学校では，「人間としての」に変更）の生き方についての考えを深める学習を通して，道徳的な判断力，心情，実践意欲と態度を育てる。（下線部筆者）

道徳科は，小学校や中学校では，学校の教育活動全体を通じて行う道徳教育の目標と同様に，よりよく生きるための基盤となる道徳性を養うことを目指すものであり，それは「道徳的諸価値についての理解」を基に行われるものであることが示されている。すなわち，道徳科の目標を達成していくためには「道徳的諸価値についての理解」が重要な位置付けを与えられていることが理解できる。では，このように重要な位置付けを与えられている「道徳的諸価値についての理解」の「道徳的諸価値」とはどのようなものなのであろうか。

まず「道徳的価値」とは，「よりよく生きるために必要とされるものであり，人間としての在り方や生き方の礎となるもの」と説明される。ドイツの

文豪ヨハン・ヴォルフガング・フォン・ゲーテ（J. W. von, Goethe）が，旧約聖書の「ヨブ記」の影響を受けながら書いた『ファウスト』における「天上の序曲」ですでに語っているように「人間は向上に努力する限り，迷うもの」であって，私たちはよりよく生きることを志向するうえでは，よりよく生きるための基準を求め，思い悩み，迷うのである。そのよりよく生きるための「基準」となる重要な物事が「道徳的価値」であり，その全体が「道徳的諸価値」なのである。その「道徳的諸価値」を形成するうえで必要なものを道徳科（従前の「道徳の時間」も同様であったが）においては，道徳科の内容項目というかたちで示しているのである。

（2）道徳的諸価値についての「理解」

児童や生徒は，今後自身の人生において，様々な問題にぶつかるであろうし，その状況に応じて自己の生き方を考え，自らよりよい生き方を追求していくこととなるだろう。その際の「基準」が「道徳的諸価値」であることはすでに述べたが，この道徳的諸価値について「理解」することもよりよく生きていくために求められる。では「理解」には何が必要となるのであろうか。

まずは，内容項目を人間としてよりよく生きるうえで大切なものであると「理解」することである。例えば，私たちは生活のなかで，自身の保身のために，あるいは誰かからの叱責を恐れて「嘘をつく」という行為をとることがある。このようなときに，自ら「嘘をつかず，正直（あるいは誠実）に」生きるという判断を下すことが必要となる。その際に，「正直，誠実」という内容項目を「理解」しておくことで，「嘘をつく」という行為をとる自身の判断の基準を反省的に考えることができるのである。

また，道徳的諸価値が大切なものであってもなかなか実現することができない人間の弱さなどについても「理解」しておく必要がある。先ほどの「嘘をつく」という行為で考えてみれば，たしかに「嘘をつかずに」生きていくことは立派であるが，あらゆる場面において私たちが実践していくことができるかというと難しいのではないだろうか。すなわち，人間が不完全な存在であって，様々な内容項目を基準として生きていくことが難しい存在であるという弱みを「理解」することも大切なのである。

3．道徳的諸価値の理解はどのようになされるのか

　最後に，道徳的価値を実現したり，実現できなかったりする場合の感じ方や考え方は人それぞれであり，固有性を有し，多様であることを「理解」することは大切である。すなわち，1つの基準があるからといって，私たちすべてがそこで均質な存在として扱われるべきではなく，むしろそのような感じ方，考え方があるがゆえに，多様な生活が織りなされるのである。このような「理解」は，自分自身に関する理解（自己理解）を起点とし，周りの友達などの考え方や感じ方がどのようなものかを理解する（他者理解），人間はどのような場面であっても，道徳的諸価値を基によりよい判断を常に下せる存在ではないが，自身がぶつかる困難を乗り越えていこうと力強く生きる存在であることを理解する（人間理解），自然が私たちにとってどのようなものであるのかを理解する（自然理解）ことを通してなされる。ただし，ここで言う「理解」が内容項目の教え込みによるものなのか，子どもたちの議論などを通してなされるものであるかについては考えてみる必要があろう。

参考文献・URL

中央教育審議会（2015）「道徳に係る教育課程の改善等について（答申）」
　　　　https://www.mext.go.jp/b_menu/shingi/chukyo/chukyo0/
　　　　toushin/__icsFiles/afieldfile/2014/10/21/1352890_1.pdf（2020年6
　　　　月30日閲覧）。

ゲーテ（山下肇訳）（2003〔初版1992〕）「ファウスト　悲劇」『ゲーテ全
　　　　集3　戯曲』潮出版社，pp.5‑16。

文部科学省（2018）『小学校学習指導要領解説（平成29年告示）　特別の
　　　　教科　道徳編』廣済堂あかつき。

文部科学省（2018）『中学校学習指導要領解説（平成29年告示）　特別の
　　　　教科　道徳編』教育出版。

（都田修兵）

Q5　道徳科の内容はどのように体系化されているか。また，それらの内容を扱う際にどのような留意と工夫が求められるか述べなさい

1．学習指導要領における道徳科の内容の体系的な取り上げ方

　現行の小学校学習指導要領と中学校学習指導要領のどちらにも第3章として「特別の教科　道徳」が収められ，それぞれ「第1　目標」「第2　内容」「第3　指導計画の作成と内容の取り扱い」の三部構成となっている。この「第2　内容」において，児童生徒が学ぶべき道徳の内容が項目として挙げられている。例えば，小学校学習指導要領では，最初の項目が次のように記載されている。

　A　主として自分自身に関すること
　［善悪の判断，自律，自由と責任］
　　〔第1学年及び第2学年〕
　　　よいことと悪いこととの区別をし，よいと思うことを進んで行うこと。
　　〔第3学年及び第4学年〕
　　　正しいと判断したことは，自信をもって行うこと。
　　〔第5学年及び第6学年〕
　　　自由を大切にし，自律的に判断し，責任のある行動をすること。

　まず，「A　主として自分自身に関すること」という視点が示される。次に内容項目を端的に表す「善悪の判断，自律，自由と責任」という言葉が添えられ，学年に応じた内容項目が短い文章で表現される。
　同様に，中学校学習指導要領では，最初の項目が次のように記載されている。

A　主として自分自身に関すること

［自主，自律，自由と責任］

　自律の精神を重んじ，自主的に考え，判断し，誠実に実行してその結果に責任をもつこと。

　小学校と中学校の学習指導要領を比較すると，視点は同じであるが，内容を表す言葉には若干の違い（小学校は「善悪の判断，自律，自由と責任」，中学校は「自主，自律，自由と責任」）がある。また，内容項目は小学校の場合は2学年ごとに分けられているが，中学校に学年の区別はない。

　このように道徳科の内容は視点ごとに項目化されて体系的に取り上げられているのである。

2．4つの視点による分類と22の項目による内容構成

　まず，道徳科の内容項目を分類する視点として次の4つが導入されている。

　A　主として自分自身に関すること

　B　主として人との関わりに関すること

　C　主として集団や社会との関わりに関すること

　D　主として生命や自然，崇高なものとの関わりに関すること

　これらの視点は内容の全体構成を把握するのに役立つように導入されたものであって，4視点のいずれかに振り分けられた内容項目が別視点の内容項目と無関係に独立していることを意味しない。児童生徒の道徳性の涵養は，異なる視点に分類された内容項目が相互に関連し合って深められる。

　次に，道徳科の内容項目は，小学校第1学年及び第2学年は19項目，第3学年及び第4学年は20項目，第5学年及び第6学年と中学校は22項目にまとめられている。内容を端的に表す言葉を小学校と中学校ごとに表7-5-1に示す。

表7-5-1　道徳科の内容を端的に表す言葉

小学校	中学校
A　主として自分自身に関すること	
（1）善悪の判断，自律，自由と責任	（1）自主，自律，自由と責任
（2）正直，誠実	
（3）節度，節制	（2）節度，節制
（4）個性の伸長	（3）向上心，個性の伸長
（5）希望と勇気，努力と強い意志	（4）希望と勇気，克己と強い意志
（6）真理の探究　※5，6学年のみ	（5）真理の探究，創造
B　主として人との関わりに関すること	
（7）親切，思いやり	（6）思いやり，感謝
（8）感謝	
（9）礼儀	（7）礼儀
（10）友情，信頼	（8）友情，信頼
（11）相互理解，寛容 　　※3，4，5，6学年	（9）相互理解，寛容
C　主として集団や社会との関わりに関すること	
（12）規則の尊重	（10）遵法精神，公徳心
（13）公正，公平，社会正義	（11）公正，公平，社会正義
（14）勤労，公共の精神	（12）社会参画，公共の精神
	（13）勤労
（15）家族愛，家庭生活の充実	（14）家族愛，家庭生活の充実
（16）よりよい学校生活，集団生活の充実	（15）よりよい学校生活，集団生活の充実
（17）伝統と文化の尊重，国や郷土を愛する態度	（16）郷土の伝統と文化の尊重，郷土を愛する態度
	（17）我が国の伝統と文化の尊重，国を愛する態度
（18）国際理解，国際親善	（18）国際理解，国際貢献
D　主として生命や自然，崇高なものとの関わりに関すること	
（19）生命の尊さ	（19）生命の尊さ
（20）自然愛護	（20）自然愛護
（21）感動，畏敬の念	（21）感動，畏敬の念
（22）よりよく生きる喜び 　　※5，6学年のみ	（22）よりよく生きる喜び

3．内容項目を扱う際の留意点と工夫

　道徳科の内容項目を扱う際の留意点と工夫が，『小学校学習指導要領（平成29年告示）解説　特別の教科　道徳編』及び『中学校学習指導要領（平成29年告示）解説　特別の教科　道徳編』で取り上げられている。

　留意点としては，内容を端的に表す言葉そのものを教え込まないことや，知的な理解にのみとどまる指導とならないことが挙げられている。工夫としては，児童生徒の実態に即すよう内容項目を関連させ，発展性をもたせることが挙げられている。

　道徳科の内容項目は，児童生徒の発達的特質を顧慮して指導が最も適時的なものとなるように重点的・発展的に構成されている。児童生徒一人ひとりの実態や，学校地域の実態に応じて，さらなる重点的指導が求められる場合もありうる。一人ひとりの課題を明確にする際にも，また，学校における道徳教育の年間指導計画を立てる際にも，内容項目の関連性と発展性を顧慮しつつ，必要とされる内容項目に重点をおいた指導が目指されなくてはならない。

　内容項目の体系的構成は，このように実態に即した重点的指導を可能とする。同時に，指導の偏りを是正して，児童生徒がバランスよく道徳性を養うことができるように，指導内容の全体を展望可能としてくれているのである。

参考文献

文部科学省（2018）『小学校学習指導要領（平成29年告示）』東洋館出版社。

文部科学省（2018）『中学校学習指導要領（平成29年告示）』東山書房。

文部科学省（2018）『小学校学習指導要領（平成29年告示）解説　特別の教科　道徳編』廣済堂あかつき。

文部科学省（2018）『中学校学習指導要領（平成29年告示）解説　特別の教科　道徳編』教育出版。

（丸山恭司）

Q6 「特別の教科　道徳」における「内容項目（A）」 について説明しなさい

1.「特別の教科　道徳」における「内容項目（A）」について

　学校の教育活動全体を通じて行う道徳教育の要である「特別の教科　道徳」（以下，道徳科）においては，内容項目と呼ばれる教師と児童あるいは生徒が人間としてのよりよい生き方を求め，共に考え，共に語り合い，その実行に努めるための共通の課題が示されている。道徳科における内容項目は，このたびの教科化に伴い，内容項目を構成する4つの視点や内容項目の数などが改められた。

　この内容項目の4つの視点の最初のものが，「A　主として自分自身に関すること」であり，内容の学年段階・学校段階は表7-6-1のとおりである。このたびの教科化に伴い，例えば，内容項目（A）について言えば，「個性の伸長」はこれまで中学年からの内容項目であったが，低学年にもおかれるなどの変更点がある。

　このように（A）は，道徳の学習の起点となって，スパイラル（らせん）的に次の視点へと発展していくのみではなく，視点間で自由に行き来できる関係があるがゆえに，より充実したものとなり，より一層の道徳的諸価値の理解がなされ，自己の形成に資するものとなるのである。

2．内容項目（A）に関する若干の検討―「個性の伸長」を例に

　さて，内容項目（A）について概観したうえで，ここでは内容項目「個性の伸長」を例に，内容項目（A）について若干の検討を加えてみたい。

　内容項目「個性の伸長」は，「個性の伸長を図るために積極的に自分の長所を伸ばし，短所を改めることに関する内容項目」であるとされる。ここで言う「個性」とは，「個人特有の特徴や性格」であり，それらを理解し，自分のよさを生かし更にそれを伸ばし，自分らしさを発揮しながら調和のとれ

表7-6-1 「内容項目（A）の学年段階・学校段階一覧」

	小学校第1学年及び第2学年（19）	小学校第3学年及び第4学年（20）
A　主として自分自身に関すること		
善悪の判断，自律，自由と責任	（1）よいことと悪いこととの区別をし，よいと思うことを選んで行うこと。	（1）正しいと判断したことは，自信をもって行うこと。
正直，誠実	（2）うそをついたりごまかしをしたりしないで，素直に伸び伸びと生活すること。	（2）過ちは素直に改め，正直に明るい心で生活すること。
節度，節制	（3）健康や安全に気を付け，物や金銭を大切にし，身の回りを整え，わがままをしないで，規則正しい生活をすること。	（3）自分でできることは自分でやり，安全に気を付け，よく考えて行動し，節度のある生活をすること。
個性の伸長	（4）自分の特徴に気付くこと。	（4）自分の特徴に気付き，長所を伸ばすこと。
希望と勇気，努力と強い意志	（5）自分のやるべき勉強や仕事をしっかりと行うこと。	（5）自分でやろうと決めた目標に向かって，強い意志をもち，粘り強くやり抜くこと。
真理の探究		

小学校第5学年及び第6学年（22）	中学校（22）	
A　主として自分自身に関すること		
（1）自由を大切にし，自律的に判断し，責任のある行動をすること。（2）誠実に，明るい心で生活すること。	（1）自律の精神を重んじ，自主的に考え，判断し，誠実に実行してその結果に責任をもつこと。	自主，自律，自由と責任
（3）安全に気を付けることや，生活習慣の大切さについて理解し，自分の生活を見直し，節度を守り節制に心掛けること。	（2）望ましい生活習慣を身に付け，心身の健康の増進を図り，節度を守り節制に心掛け，安全で調和のある生活をすること。	節度，節制
（4）自分の特徴を知って，短所を改め長所を伸ばすこと。	（3）自己を見つめ，自己の向上を図るとともに，個性を伸ばして充実した生き方を追求すること。	向上心，個性の伸長
（5）より高い目標を立て，希望と勇気をもち，困難があってもくじけずに努力して物事をやり抜くこと。	（4）より高い目標を設定し，その達成を目指し，希望と勇気をもち，困難や失敗を乗り越えて着実にやり遂げること。	希望と勇気，克己と強い意志
（6）真理を大切にし，物事を探究しようとする心をもつこと。	（5）真実を大切にし，真理を探究して新しいものを生み出そうと努めること。	真理の探究，創造

（文部科学省 2018, pp.26 - 27 をもとに筆者抜粋，一部改変）

た自己を形成していくことが目指される。

　このような「個性の伸長」を取り扱う道徳科の授業として，例えば小学校低学年では教材名は様々であろうが「よいところ見つけ」などが想定できるだろう。小学校低学年における内容項目は「自分の特徴に気付くこと」であるため，クラスのなかで友達のよいところを言ったり，あるいは自分のよいところについて友達に言ってもらったりするなかで，自分という存在がどのような特徴をもっているのかについて気付いていくことができるのである。具体的な授業場面で言えば，「〇〇君は毎日大きな声であいさつができて，すごいと思います」や「〇〇ちゃんは友達が困っているときに声をかけていて，優しいなと思いました」など友達のよいところを発表していくであろう。

　しかしながら，「よい」ところがあれば，「わるい」ところも同時に出てきてしまう。例えば，「大きな声であいさつができること」を「よい」こととするならば，そうできないことは「わるい」こととなってしまうし，友達が困っているときに声をかけることができないことは「わるい」ことになってしまう。

　だが，本当にそうなのであろうか。

　人間の特有の特徴や性格は，人それぞれである。例えば「内気」という言葉があるように，人前でははきはき話さない子どももいることだろう。そのような子どもはあいさつの場面では「わるい」ことになるのであろうか。ここでは 2 つのことを考えなければならない。1 つはこの「内気」な子どもが「あいさつ」についてどのような見方をもっているかということであり，もう 1 つは，性格ゆえにあいさつできないでいるのかということである。この子どもがあいさつについて大切であると理解していても，性格ゆえにあいさつがうまくできないとするとどうであろうか。教師は子どもたちに「あいさつのできる子」に育ってほしいと願っているが，その願いを押しつけたり，表面的な行動のみによって判断したりするのではなく，友達のよいところを通して，「あいさつができる」ように，あるいは「あいさつが大きな声でしたい」と子どもが進んで行動できるように，寄り添うことが大切なのであ

る。

　「よいところ見つけ」は，大切な活動であり，「自分の特徴に気付くこと」ができる活動であるが，その活動を通して子どもが他者と比較して劣っていると感じることがないように十分な配慮が必要となる。個人特有の特徴や性格は否定されるものではないからである。

３．道徳教育の出発点としての内容項目（Ａ）

　ここでは内容項目（Ａ）について簡単ではあるが述べてきた。内容項目（Ａ）は道徳教育や道徳科において基盤となるところである。子どもたちは自分自身から出発して，友達や先生，社会，自然との関わりのなかで自己を見つめなおしていく。この見つめなおしのなかで，子どもたちは望ましい自己を形成していくことができるのである。

　それはすなわち，基盤である内容項目（Ａ）がおろそかになったりすることがあれば，道徳教育や道徳科が目指すものは根底から崩れてしまうことを意味している。子どもたち一人ひとりが自らをしっかりと見つめ，自分自身を形成していくことができるような道徳教育や道徳科がどのようなものかを，教科書をはじめとした教材や子どもたちの道徳的発達段階などの検討を通して，考え続けていく必要があるのではないだろうか。

参考文献

文部科学省（2018）『小学校学習指導要領（平成29年告示）解説　特別の教科　道徳編』廣済堂あかつき。

渡邉満ほか編（2016）『中学校における「特別の教科　道徳」の実践』北大路書房。

渡邉満ほか編著（2017）『新教科「道徳」の理論と実践』玉川大学出版部。

（都田修兵）

Q 7　内容項目（B）の特徴と，この内容項目を教える際の留意点を説明しなさい

1．内容項目（B）の特徴

　学習指導要領の内容項目（B）「主として人との関わりに関すること」は，「親切，思いやり」，「感謝」，「礼儀」，「友情，信頼」，「相互理解，寛容」の5項目（中学校では「親切，思いやり」と「感謝」の項目が「思いやり，感謝」として1つの項目にまとめられているので，合計4項目）によって構成されている。これら項目によって構成される内容項目（B）の特徴は，「他人と接するときに心がけること」と端的にまとめることができる。「親切心をもって，人に対する感謝を忘れずに，礼儀正しく，友情を大切にして，寛容の精神で，他人と接することが大事である」というように。

　「他人と接するときに心がけること」を教えるのが内容項目（B）である，と端的にまとめることができるものの，この内容は決して単純なものではなく，底知れない「深み」と大きな「広がり」をともなっている。

（1）内容項目（B）の深み

　例えば，「感謝」の項目に関して，「人と接するときには，感謝することが大事」ということを教えるためには，そのことをスローガンのように子どもに伝えるだけではなく，私たち一人ひとりの当たり前の生活が，多くの人々によって支えられている事実を認識させることが重要である。

　このように考えると，内容項目（B）で重要になるのは，どのように人と関わることができるか，という目に見える行動のレベルだけでなく，どのような理由に基づいてどのように人と関わるのか，という目には見えない理由のレベルを意識した教育だと言える。例えば「礼儀」の項目に関して言えば，「先生が礼儀正しくするように言われたから」というような消極的な理由ではなく，他人を尊重することの大切さの理解に基づいた理由が望ましい。

　「他人と接するときに心がけること」と総括することのできる内容項目

（B）を教えるとき，その内容をうわべだけのスローガンや美辞麗句を並び立てることで終わらせないために，また，他人に接する際に礼儀や思いやりが大切であることの根拠や理由についての考えを深めることのないまま特定の行動を強いるような教育に終始しないために，私たちの生活や人生に対する深い理解や，人間に対する深い洞察へと子どもたちを到達させる見通しをもつ必要がある。私たちの普段の生活が多くの人々の支えによって成り立っていることや，私たちがこの世に生を受けてから多くの人々のケアや愛情に支えられてきたという事実に，児童生徒が思い至ることができたとき，実感をもって「主として人との関わりに関すること」の内容項目を理解することができるだろう。ただし，もちろん子どもが，生活や人生に対する深い理解や，人間に対する深い洞察を得ることは簡単なことではない。指導する際には，上述したような深い理解・洞察に将来的に子どもが到達できることを見通したうえで，発達段階を考慮した指導が求められる。

（2）内容項目（B）の広がり

続いて，内容項目（B）の「広がり」を確認していこう。この「広がり」は，「主として人との関わりに関して」における「人」が誰かを考えることによって見えてくる。児童生徒が普段から接するのは，両親をはじめとした保護者，きょうだい，学校の先生，友達，クラスメイトが多いだろう。これらの普段から接する人々との関係を考えることが，内容項目（B）の基本的な内容となるが，それ以外の「人との関わり」を考えることも，現代の道徳教育では求められる。

例えば，「外国人との関わり」について教えることは現代の道徳教育において重要なテーマである。グローバル化が進行し，さらに日本の人口減少が問題となる中で，日本には既に多くの外国人が暮らしており，今後もその数は増えることが予想される。そのような今後の社会では，様々な文化的背景を有する外国人との共生の重要性を教える多文化共生教育の意義が増す。多文化共生教育は，内容項目（B）の「相互理解，寛容」と密接に関連している。

さらに内容項目（B）の「広がり」は，「人との関わり」が「どのように」なされるか，という視点からも確認できる。例えば，近年では子ども同士

が，SNSをはじめとするインターネットを通じて関わることはごく当たり前のこととなっている。子どもたちへの情報モラル教育は，ネットいじめが問題になっている現在において，重要性の高いテーマである。相手の顔が見えない中でのメールやコミュニケーションアプリ「LINE」を用いたコミュニケーションの特質を理解したうえで，インターネット上のコミュニケーションにおける「親切，思いやり」や「礼儀」の重要性についての教育が求められているのである。

　加えて，平成29年改訂学習指導要領において推進されている「主体的・対話的で深い学び」の充実のためにも，内容項目（B）は重要な役目を担っている。というのも，特に「対話的」の部分から見て取れるように，他人との対話を通した学びの重要性が主張されている現代において，「人との関わり」を扱う内容項目（B）は，道徳教育以外の学びの充実の鍵を握っているとも言えるのである。

２．内容項目（B）を教える際の留意点

　内容項目（B）を教えるにあたって，各項目についての教える側の理解が，授業の展開や成否を大きく左右することに留意する必要がある。ここでは「自分の考えを相手に伝えて相互理解を図るとともに，謙虚で広い心をもつことに関する内容項目」である「相互理解，寛容」という項目を例に考えよう（文部科学省 2018：48）。

　相互理解に至るとは，相手の考えていることや行っていることを私が理解し，また，私の考えていることや行っていることを相手に理解してもらうことであると考えることができる。ただし，時として，自らの価値観や考え方ではどうしても理解することができず，気持ちをかき乱す他人と出会うこともあろう。そのような場合，「相互理解」に至るとはどのような事態を指し示すだろうか。「私とは異なる考え方をする人がいると理解すること」という理解観で留まるとき，寛容は「それぞれの意見を尊重して互いに干渉することはやめよう」という形を取るだろう。この意味での寛容は「あの人はあの人，私は私」という仕方で，立ちどころに無関心へと姿を変えうる。

自らの価値観や考え方では理解の難しい他人が目の前に立ち現れたとき，自らの価値観や考え方の外側にその他人を位置付けるのではなく，「なぜこの人のこの発言やこの振る舞いが私の気持ちをかき乱すのだろう。このように私が感じるということは，私は暗黙のうちに○○が良いという価値観を前提にしていたからではないか」と自らの価値観や考え方を問い直すという仕方で，相手を理解しようと歩み出すという方途もあるだろう。この意味での理解は，自らの確信している価値観や考え方を自ら揺るがせるほどまでに他人を迎え入れた仕方で行われる。いわば，自らの理解の根拠を揺るがせることによって，他人を受容する余地を作りだしている。このような「寛容さを備えた理解」は，理解する私と理解される他人とが相互に影響を与え合うことによって，私の理解の枠組みが開示され，さらにはその理解の枠組みが更新されてゆく高度に知的な営みへと至る。

　相互理解と寛容が無関心へと姿を変える可能性のあったように，内容項目（B）の各項目は，利他的な関わりが，排他的な関わりや利己的な関わりの契機を含み込んでいるという独自の難しさを抱えている。内容項目（B）について教える際には，「他人のため」という表向きの様相のうちに容易に入り込む，自己防衛・自己温存の契機に対して絶えず警戒するよう留意する必要がある。

参考文献

谷村千絵（2012）「第3章　人とのかかわりと道徳——自分，他者，そしてメディア」岡部美香・谷村千絵編『道徳教育を考える——多様な声に応答するために』法律文化社，pp.43-56。

松下良平（1994）「〈他者〉との共生のための道徳教育——伝達と寛容の二元論を超えて」森田尚人ほか編『〈教育学年報3〉教育のなかの政治』世織書房，pp.355-382。

文部科学省（2018）『小学校学習指導要領（平成29年告示）解説　特別の教科　道徳編』廣済堂あかつき。

（安喰勇平）

Q8　内容項目（C）の特徴と指導上の留意点について説明しなさい

1. 内容項目（C）の特徴

（1）7つの項目

　内容項目（C）「主として集団や社会との関わりに関すること」は「規則の尊重」「公正，公平，社会正義」「勤労，公共の精神」「家族愛，家庭生活の充実」「よりよい学校生活，集団生活の充実」「伝統と文化の尊重，国や郷土を愛する態度」「国際理解，国制親善」という7項目から構成されている。この項目は自己を様々な規模の共同体（家庭，郷土，国家，国際社会など）との関わりにおいて捉えるもので，他者とよりよく生きていくために必要な道徳性を育成するうえで重要である。

（2）「伝統と文化の尊重，国や郷土を愛する態度」

　内容項目（C）の1つ「伝統と文化の尊重，国や郷土を愛する態度」は我が国や自分が生まれ育った郷土の伝統や文化を大切するとともに，それを後続世代へと継承し，よりよい国や郷土をつくっていこうとする態度である。例えば，小学校第5学年および第6学年では「我が国や郷土の伝統と文化を大切にし，先人の努力を知り，国や郷土を愛する心」をもつことが求められている。そして，中学校においてはこうした心を深めるとともに，社会の形成者として郷土や国家の発展に努める態度を育むとされている。

　では，郷土愛や愛国心はどのように育成されるのだろうか。『小学校学習指要領解説　特別の教科　道徳編』によると，こうした心は郷土の風習や文化との関わりを起点とし，そこから国の伝統や文化へと視野を広げていくなかで育まれる。また，愛国心は「偏狭で排他的な自国賛美」ではなく，国家を超えて「国際理解，国際親善」に至る。つまり，愛国心は身近な郷土への愛から始まり，国へ，そして世界や人類に対する愛へと，同心円状に拡大していく。

2. タブー視される愛国心

「伝統と文化の尊重，国や郷土を愛する態度」に関する指導はとりわけ難しいと思われる。というのも，学校教育において愛国心はタブー視される，すなわちそれについて語ることすら忌避される傾向があるからである。確かに，愛国心という言葉からは偏狭なナショナリズムや軍国主義といったイメージが惹起される。実際，道徳の教科化に伴って国家主義的な道徳教育が再燃するのではないかという懸念もある。なぜ，愛国心はタブー視されるようになったのか。

教育史学者の貝塚茂樹によると戦後直後，愛国心教育については賛否両論があり，中には強い反対の立場もあった。けれども，愛国心について語ることはタブーではなく，愛国心教育の必要性を認める世論もあった。ところが，いわゆる55年体制（自由民主党を与党第1党とする保守勢力vs日本社会党を野党第1党とする革新勢力）の確立にともなって，愛国心はこの対立に巻き込まれるようになった。日本教職員組合（日教組）が愛国心を日本国憲法の護持および，安保体制の打破と結び付けたことによって，愛国心教育は教育問題であると同時に，政治問題にもなった。つまり，愛国心教育に関する意見表明は，保守あるいは革新のいずれかを問う踏絵としての機能をもつようになったのである。貝塚はこのような経緯ゆえに，愛国心教育に関する議論が進まなかったと総括する。議論の停滞を示すがごとく，「特別の教科　道徳」における愛国心の基本的理解は「国民実践要領」や1966年の中央教育審議会において示された「期待される人間像」とそれほど変化してないという。

以上を踏まえると，まずは愛国心を腫れ物扱いするのではなく，それを教育問題として考えることから始めなければならないだろう。最後に，アメリカの政治学者マーサ・ヌスバウムの思想にその糸口を求めてみたい。

3. 愛国心と人類愛

アメリカの政治学者ヌスバウムは『国を愛すること』において，愛国主義

の前提について次のような疑問を投げかける。それは，愛国心がその深化とともに，国境を超えた人類愛へと拡大していくという考え方である。愛国主義において，愛国心は家族というコミュニティを起点として次第にその範囲を拡大していくとされる。つまり，子どもの親に対する愛は子どもの発達とともに，親以外の親戚，地域社会，国家，そして人類への愛と発展していく。このような考え方は，愛国心が偏狭な自国賛美ではなく，その極地において国際理解や国際親善に至るとする学習指導要領の愛国心理解とも重なる。

　しかし，ヌスバウムはこのような愛国心理解に対して異議を唱える。彼女によると，子どもはその想像力をもって身近なコミュニティを超えた他者と出会っているという。物語や童話などを通じて，子どもは様々な他者について想像する。そして，そうした想像の中で，子どもは遠い他者の苦しみや傷つきやすさについて学んでいる。子どもは愛国心を育む前に人間が孤独や死を抱えざるを得ないこと，すなわち共通の人間性と出会うことができる。ヌスバウムに基づくならば，幼少期の子どもは愛国主義が最後に到達するとした人類愛を育んでいる。

　「伝統と文化の尊重，国や郷土を愛する態度」の指導について考えるとき，まずは愛国心という言葉それ自体が十分に磨かれたものではないことを認識し，愛国心を自明のものとして理解することから脱しなければならない。そして，愛国心は本当に人類愛へと拡大するのか。愛国心と人類愛の間には対立や矛盾があるのではないか。そもそも，家庭，郷土，国家，人類といった区別は自明なのかといった問いについても考えていく必要があるだろう。

参考文献

広瀬信（2020）「道徳教育の方法」井ノ口淳三編『道徳教育（改訂二版）』学文社，pp.97-121。

貝塚茂樹（2020）『戦後日本と道徳教育』ミネルヴァ書房。

マーサ・ヌスバウム（辰巳伸知・能川元一訳）（2000）『国を愛するということ』人文書院。

文部科学省（2018）『小学校学習指導要領（平成29年告示）解説　特別の
　　教科　道徳編』廣済堂あかつき。

（山中　翔）

Q9　内容項目（D）の指導における難しさ，指導上の留意点とは何か，説明しなさい

1．内容項目（D）の全体像

　内容項目（D）「主として生命や自然，崇高なものとの関わりに関すること」は，「生命の尊さ」，「自然愛護」，「感動，畏敬の念」，「よりよく生きる喜び」，の4つの視点から捉えられる。この内容項目では，「生命」や「自然」をキーワードとして，私たちの存在そのものや，私たちを取り巻く自然環境について深く考え，理解することが求められる。

　その中で，「よりよく生きる喜び」は，かつては中学校のみの内容項目であったが，道徳の教科化にあたり，小学校と中学校とのつながりを重視する視点から，小学校高学年から取り扱うこととなった。さらに，この「よりよく生きる喜び」が，内容項目（D）である点にも留意すべきである。生命や自然，美への畏敬の念とともに，人間の精神性の素晴らしさや真摯に生きる姿勢の気高さを理解することによって，自分の弱さを乗り越え，人間として生きる喜びを感じる，という人間が生きるうえでの基盤となる考え方や態度を育成する内容項目である。

　ただし，普段の生活の中では，「よりよく生きる喜び」や「命の大切さ」について真剣に考える機会は必ずしも多くない。どうして命を絶ってはいけないのか，苦しい状況の中でどうして生きていかなければならないのか等，実際に危機的状況に立たされてようやく向き合うことができる側面もある。とはいえ，すべてが追体験可能なものではないし，経験や体験のみで充足するものでもない。このような指導の難しさはあるものの，子どもたちが生きるうえでの根幹をなす重要な内容項目である。

2.「感動，畏敬の念」の指導

（1）「感動，畏敬の念」とは

　内容項目（D）において，特に指導が難しいと考えられるのが「感動，畏敬の念」である。「感動，畏敬の念」の対象とは，どのようなものであるか，具体的に想像し難いのである。

　2017（平成29）年改訂『小学校学習指導要領解説　特別の教科　道徳編』によれば，この内容項目は「美しいものや崇高なもの，人間の力を超えたものとの関わりにおいて，それらに感動する心や畏敬の念を持つこと」が求められる。現在，私たちが生きる世界は，物質的に豊かであり，暮らしに便利なものが身の回りにそろっている。そのような科学技術の進歩には敬意を表し，感謝して生きねばならないが，その一方で科学は万能ではないこともまた認識すべきである。

　例えば，近年の豪雨被害や地震・津波など，自然災害もまた避けて通ることはできない現実である。しかしながら，時として脅威ともなりうる自然の中に存在する，人間の力では到底説明することのできない美的なものや崇高なものに出会う機会も，人間としての在り方を見つめ直すにあたってたいへん重要なのである。

（2）「美しいものや崇高なもの」とは

　では，「美しさ」とは具体的に何を指すのだろうか。例えば，澄んだ青空の美しさ，優雅に泳ぐ魚の群れの美しさなど，自然環境の美しさが挙げられる。また，心地よい音楽や色彩豊かな絵画，あるいはプロジェクションマッピングのような，映像技術を駆使した美しさなどもある。上記については，現行の小学校学習指導要領解説に記述されているように，「自然のもの，人工のものと区別するのではなく，美しいもの，気高いものに接したときの素直な感動を大切にする」ことが求められる。

　さらに，目で見てわかる自然や芸術作品の美しさだけではなく，人の心の美しさなどの直接見ることができないものもある。学年が上がるにつれて，想像する力や感じる力が豊かになるため，児童生徒の発達の段階を考慮しな

がら指導をすることが大切である。

（3）発達の段階に応じた深まり

小学校低学年では，具体的に見ることのできる美しさ，中学年では，人の心の美しさや生き方の美しさなどの直接見ることのできない美しさへと発展する。さらに小学校高学年から中学校においては，人間の力を超えたものに対する「畏敬の念」へと発展する。

例えば，火山の噴火，地震や津波といった自然現象は，それらが実際の被害を与える現場においては，美しさを認知できる対象ではない。ただし，時として人間の存在を凌駕する対象という性質は，「畏怖の対象」へと転換することが可能なのである。

小学校低学年では，意図的に豊かな自然体験や感動体験の場を保障し，身近なものの中に美しいものが存在することに気付かせることが指導の出発点となる。そして体験を通して児童に湧き上がる「すがすがしさ」をじっくりと確認し，共感し合うことが必要である。この気持ちが，中学年以降の「感動する心の育成」につながり，感動を基に自分を見つめ直すような視点に発展しうるのである。

3．内容項目（D）の指導の難しさ

はじめに述べた通り，「命の大切さ」や「よりよく生きる喜び」について真剣に考える機会は決して多くはないうえに，指導はそう単純ではない。指導にあたっては，「命は大切なものだ」と教授するだけでは伝わらないのである。というより，ほとんどの児童生徒は，命が大切であることくらい既にわかっている。

「感動，畏敬の念」の指導においても，感動する気持ちを抱く対象には個人間で差異があるし，ある場である対象に感動する気持ちをもったとしても，児童生徒一人ひとりの価値観を揺さぶる学びにまで到達するには，いくつものハードルがあるだろう。もちろん，道徳的価値については，授業内だけでなく，日々の様々な出来事に出会い向き合う中で，少しずつ学びを深めていくものである。

ただし，人間が畏れ敬う「畏敬」には，宗教的なものが刷り込まれている可能性があることには留意すべきである。例えば，樹齢何百年という巨樹・巨木を目の前にして，自然の偉大さを感じ畏敬の念をもつとき，その巨樹・巨木は信仰の対象となるかもしれない。また，私たちが食事の際に習慣として行う「いただきます」などの儀式についても，宗教的だと捉えられることがある。教える側は，そのようなことを自覚し，行う意図を明確にしておく必要がある。さらに児童生徒や保護者の気持ちに寄り添うことも必要であろう。児童生徒や保護者が抵抗感を示したとき，まずは何が問題となっているのかを正確に把握すべきである。当該行為を自身の信仰や習慣とそぐわないと感じているのか，あるいは選択の自由がなく強制されていることへの抵抗感なのか，他にも様々な事情が考えられる。児童生徒や保護者の背景を知り，耳を傾けることが重要である。

「特別の教科　道徳」として位置付けられたことを無駄にせず，有効に機能させるために，まずは教える側が内容項目をより深く理解することが求められる。そのうえで，児童生徒への理解を促すためにふさわしい教材を選択することが必要である。そして，道徳科の指導にあたっては，教材の表面的な理解に留まることなく，道徳的価値に対する考え方や感じ方，生き方のレベルにまで深める工夫が望まれる。

参考文献

島恒生（2020）『小学校・中学校　納得と発見のある道徳科──「深い学び」をつくる内容項目のポイント』日本文教出版。

林泰成（2013）『道徳教育論』放送大学教育振興会。

藤井基貴・中村美智太郎（2014）「道徳教育における内容項目『畏敬の念』に関する基礎的研究」『教科開発学論集』2，pp.173-183。

（前田舞子）

Q 10　高等学校における道徳教育の目標や指導体制等その特質について説明しなさい

　高等学校における道徳教育は，人間としての在り方生き方に関する教育の中で，小・中学校における道徳科の学習等を通じた道徳的諸価値の理解を基にしながら，生徒が自分自身に固有の選択基準・判断基準を形成していくことを目指すものである。人間としての在り方生き方に関する教育とは，高等学校における道徳教育の考え方として示されているものであり，公民科の「公共」及び「倫理」並びに特別活動を中核的な指導場面として，各教科・科目等の特質に応じ，学校の教育活動全体を通じて，生徒が人間としての在り方生き方を主体的に探究し豊かな自己形成ができるよう適切な指導を行うこととされている。

　高等学校における道徳教育の目標は，「教育基本法及び学校教育法に定められた教育の根本精神に基づき，生徒が自己探究と自己実現に努め国家・社会の一員としての自覚に基づき行為しうる発達の段階にあることを考慮し，人間としての在り方生き方を考え，主体的な判断の下に行動し，自立した人間として他者と共によりよく生きるための基盤となる道徳性を養うこと」である。よりよく生きるための基盤となる道徳性を養うことは小・中学校と共通しており，高等学校においても道徳性を構成する諸様相である道徳的判断力，道徳的心情，道徳的実践意欲と態度を養うことが求められている。高等学校における道徳教育の指導体制についても小・中学校と同様，道徳教育の目標を踏まえ道徳教育の全体計画を作成し，校長の方針の下，道徳教育推進教師を中心として全教師が協力して道徳教育を展開することとなっている。

　公民科の「公共」及び「倫理」並びに特別活動では，それぞれの目標に「人間としての在り方生き方」が掲げられており，さらに公民科については以下のように人間としての在り方生き方についての自覚を一層深めることが重視されている。まず「公共」では，「人間と社会の在り方についての見方・考え方を働かせ，幸福，正義，公正などに着目して，現代の諸課題を捉え考

察し，選択・判断するための手がかりとなる概念や理論について理解し，それらについての考え方や公共的な空間における基本的な原理を活用して，現実社会の諸課題の解決に向けて，事実を基に多面的・多角的に考察し公正に判断する力や，合意形成や社会参画を視野に入れながら，構想したことを議論する力を養う学習」を行って現代社会に生きる人間としての在り方生き方についての自覚を深めることが求められている。次に「倫理」では，「人間としての在り方生き方についての見方・考え方を働かせ，古今東西の幅広い知的蓄積を通して，より深く思索するための手がかりとなる概念や理論について理解し活用して，現代の倫理的諸課題の解決に向けて，論理的に思考し，思索を深め説明したり対話したりする力を養」うことで，現代社会に生きる人間としての在り方生き方についての自覚を深めることが求められている。

　なお特別活動については，日常生活における道徳的な実践の指導を行う重要な機会と場であること，そしてその目標や目指す資質・能力には道徳教育でもねらいとする内容と共通する面が多く含まれていることから，特別活動が道徳教育に果たす役割は極めて大きいとされている。また小・中学校の道徳科新設のきっかけとなったいじめ問題に関して，高等学校においても，いじめ防止対策推進法の制定を踏まえ，道徳教育の指導がいじめの防止や安全の確保等に資することとなるよう留意すること，道徳教育の全体計画の立案にあたっても，いじめの防止等に向けた道徳教育の進め方について具体的に示し，教職員の共通理解を図ることなどとされている。

参考文献

文部科学省（2019）『高等学校学習指導要領（平成30年告示）解説　総則編』東洋館出版社。

文部科学省（2018）『小学校学習指導要領（平成29年告示）』東洋館出版社。

文部科学省（2018）『中学校学習指導要領（平成29年告示）』東山書房。

（細戸一佳）

第8章

学校における道徳教育の方法

Q1 「考え，議論する道徳」への質的転換について 述べなさい

1. 質的転換の背景

　「考え，議論する道徳」とは，従来の道徳の時間が心情理解を中心とした「形式的な指導」に偏りがちだったことへの反省から，子どもたちが主体的に「多面的・多角的に考え，議論」することを中心においた道徳教育の在り方を指すものである。その質的転換をもたらした背景として，3つの背景がある。

　2011（平成23）年に滋賀県大津市の中学校で発生したいじめ事件は，道徳教育に質的転換をもたらす直接的なきっかけとなった。2013（平成25）年2月に提示された教育再生実行会議の「いじめ問題等への対応について（第一次提言）」は，道徳を教科化し，新しい道徳教育の方法を明確化する方針を打ち出す。松野博一文部科学大臣（当時）は，2016（平成28）年11月18日に「文部科学大臣メッセージ」を発する。それは，従来の道徳教育が物語に登場する人物の心情の読み取りに終始する傾向があったという課題を踏まえたうえで，今後の道徳教育が「あなたならどうするか」を問い，「自分自身のこととして，多面的・多角的に考え，議論」するものとなり，「いじめ防止」により一層つながるものでなければならないと述べるものだった。

　もちろん，大津いじめ事件の発生前より道徳教育の在り方については議論

があった。2016（平成28）年12月21日の中央教育審議会答申「幼稚園，小学校，高等学校及び特別支援学校の学習指導要領等の改善及び必要な方策等について」で指摘されているように，戦後日本の道徳教育が「道徳教育そのものを忌避しがちな風潮」から「軽んじられ」，「発達の段階を踏まえた内容や指導方法」に基づかず，「主題やねらいの設定が不十分な（中略）物語の登場人物の心情の読み取りのみに偏った形式的な指導」になる傾向があったというのである。それは単に教師が言わせようとしている言葉を子どもに推測させ，教師の期待に沿うように発言させるだけの「推測ゲーム」に陥ってしまう危険性がある。こうした反省に立脚し，いじめへの対応や発達段階を踏まえた，多面的・多角的に考え，議論する問題解決的・体験的な道徳教育が推し進められるようになった。

　では，なぜ「考え，議論する」のか。それは大局的な時代背景を踏まえることで明確になる。現代日本では，少子高齢化による生産年齢の減少，グローバル化の進展や日進月歩の技術革新といった事態が進行しており，先行きの不透明な状況にある。そのような時代にあって，様々な情報を取捨選択し，新しい価値規範を創造していく子どもの育成が喫緊の課題となっている。グローバル化社会においては様々な価値観や規範が錯綜し，そのいずれもが絶対的なままではおれない。これまで通りの価値観を抱き，ルールを墨守し続けるだけでは，もはや他者との持続可能な関係を構築できなくなっている。これからは他者と共に新しい価値規範を共に築きあげながら未来を切り開くことが重要であり，そこで必要となるのが，自ら主体的に考え続ける姿勢であり，他者との粘り強い対話を通じて，多面的・多角的な価値規範のあり様を知り，新しい価値規範の創造を目指す議論を続けようとする資質・能力あるいは態度なのである。

2．質的転換は道徳教育に何をもたらしたのか

　「考え，議論する道徳」教育の質的転換によって，従来の「推測ゲーム」とは異なる，新しい道徳教育の方法論が提唱されるようになった。ここでは，その方法論について，「道徳教育に係る評価等の在り方に関する専門家

会議」の報告「「特別の教科　道徳」の指導方法・評価等について」を参照しつつ，次の 3 点を概観しておく。

① 自我関与中心の学習：教材の登場人物の判断や心情を自分との関わりにおいて多面的・多角的に考えることを通し，道徳的諸価値の理解を深める方法である。ただし，従来の道徳教育の問題とされていた心情の読み取りのみに終始してはならないことである。あくまでも教師による適切な主題設定や，以下の問題解決的あるいは体験的な学習との接続を念頭において，自我関与の学習がなされる必要がある。

② 問題解決的な学習：子どもたちが実際に直面するであろう様々な道徳的問題とそれに対する解決方法について，一人ひとりが自らの考えを述べつつ，その根拠を問い合いながら，道徳的諸価値を実現するための資質・能力を養うものである。その際，単なる感想交流に終始し，子どもたちの考えが深まらないといった事態を避けるよう留意しなければならない。

③ 体験的な学習：道徳的価値を理解していても実行できない事態に対して，役割演技などの体験的な学習を通じ，実際的な問題場面を実感しながら，その解決のための実践力を養うものである。ここでも適切な主題設定を行い，何のために体験するのかを子どもたちに把握させることが肝要である。

3．道徳教育の基盤としての話し合い活動

そして，それらの学習活動，とりわけ問題解決的な学習活動を基盤で支えているのが子どもたちの話し合い活動である。話し合い活動は，価値多元化時代において，多面的・多角的に考え議論し，他者と共に価値規範を創造するために必要不可欠な営みだからである。渡邉満は，ユルゲン・ハーバーマス（J. Habermas）の討議倫理学を参照しながら，話し合い活動が行われるために必要な 6 つのルールを挙げている。

① 誰も自分の意見を言うことをじゃまされてはならない。

② 自分の意見は必ず理由を付けて発言する。

③ 他の人の意見にははっきり賛成か反対かの態度表明をする。その際，理由をはっきり言う。

④ 理由が納得できたらその意見は正しいと認める。

⑤ 意見を変えることができる。ただし，その理由を言わなければならない。

⑥ みんなが納得できる理由を持つ意見は，みんなそれに従わなければならない。

　これらのルールが守られることで話し合い活動が実現されるのだが，いくつかの注意事項がある。まず，ルールを守ることや結論に至ることそれ自体を自己目的化しないことだ。ルールの意義を理解したうえで，それを実現し話し合い活動を進めようとする主体的態度が大切だからである。ルールの意義を子どもが少しずつ体得し，実現できるよう支援する必要がある。その際，あたかもすでにルールが実現しているかのような教師の行動が肝要である。教師自身がルールの意義を理解して守ろうとする姿を示すことによって，子どももまたルールの大切さを自分自身のこととして体得していくことができるからである。

　「考える道徳」「議論する道徳」教育は，これからの価値多元化社会をたくましく生きる子どもの礎を用意するものである。まずは教師が，価値規範やルールについて主体的に考え，議論することから始め，話し合い活動を基盤として道徳教育を進めなければならない。

参考文献・URL

林泰成（2018）『道徳教育の方法——理論と方法』左右社。

いじめに正面から向き合い「考え，議論する道徳」への転換に向けて（文部科学省大臣メッセージ）について（https://www.mext.go.jp/content/20200305-mxt_kyoiku02-100002180_1.pdf）

渡邉満ほか編（2016）『「特別の教科　道徳」が担うグローバル化時代の道徳教育』北大路書房。

（平田仁胤）

Q2　道徳科の授業において教科書や教科書以外の教材をどのように活用するのか説明しなさい

1．教科書を使った授業の工夫

（1）教科書活用の必要性

　教科化に伴い，小学校では2018年度から，中学校では2019年度から教科書が使われている。教科書は「主たる教材」であるから，基本的にはこれを毎時間活用していかなくてはならない。これまでの副読本に比べ，教科書にはさまざまな工夫が凝らされている。教材だけでなく，児童生徒同士の話し合いの手引きや，ホワイトボードの代わりとなる用紙，「心情円盤」など，話し合いの道具まで収められているものもある。また教師用指導書やワークシート，デジタルコンテンツなども，格段に充実した。教科書会社の指導案通りの授業を行えば，最低限の授業をしていけるようになった。しかし，教師用指導書に収められている指導案などは，あくまで，どの学級にも使えるように想定されたものである。教師は児童生徒や地域の実情を踏まえながら授業を行う必要がある。

（2）教材との出合わせ方

　教科書を使用する際，どのような工夫ができるだろうか。よくあるのは，その授業で取り上げられる内容項目（価値）についての若干のやり取りをした後，すぐに教材の話に入っていく展開である。しかし，これでは児童生徒はその教材の内容に興味をもちにくい。

　例えば，教材の挿絵・写真や題名の提示の仕方を工夫することができる。最初に挿絵の拡大コピーを提示したうえで，「気付いたこと，考えたこと，はてなと思ったことは何ですか」と聞く。あるいは，単に「これが示しているのはどんな場面でしょうか」と問うてもよい。意見が上った後，「これから読む話は〇〇という題名です。どういう話なのでしょうか」と問いかける。写真の場合は，一部（あるいは大部分）を隠しておき，何の写真かを児

187

童生徒に考えさせ，そのうえで全体を提示することもできる。また題名の場合，題名のみを提示し内容を想像させたり，一部を隠しておいて，その部分にどんな言葉が入るかを想像させたりする方法もある。挿絵や写真，題名のみを提示されたり，その一部分のみを提示されたりすると，児童生徒は興味をもつ。そうしておいて教材の内容に入るのである。その際，「実は，この2人をめぐって，ある事件が起こります」（「二通の手紙」）などの予告をすることで，教材に対してさらなる興味をもたせることもできる。

2．教科書以外の教材の活用

（1）教材開発の必要性

　教科書ができたことで，教科書しか使用しなくなった教員もいるという。しかし，2017（平成29）年改訂学習指導要領には次のように書かれている。「児童（生徒）の発達の段階や特性，地域の実情等を考慮し，多様な教材の活用に努めること。特に，生命の尊厳，（社会参画，）自然，伝統と文化，先人の伝記，スポーツ，情報化への対応等の現代的な課題などを題材とし，児童が問題意識をもって多面的・多角的に考えたり，感動を覚えたりするような充実した教材の開発や活用を行うこと。」（括弧内は中学校）。すなわち，教科書以外の教材の開発・活用は努力義務とされている。教科書しか使わないのはこの義務に違反していることになる。小・中学校学習指導要領の全体を通じて，「教材」に関して「開発」という語が使用されているのは，「道徳科」だけである。それだけ道徳においては，教材の開発が重要ということになる。伝記，古典，意見文・論説文，物語，随想，民話，詩歌などの読み物，映像ソフト，映像メディアなどの情報通信ネットワークを利用した教材，実話，写真，劇，漫画，紙芝居など，いかなるものでも道徳の教材にできる。教科書を活用しつつも，児童生徒の特性や地域の実情等を踏まえたその他の教材を，開発・活用していかなければならない。

　そこで以下では，既存の道徳用教材にはどのようなものがあるかを見たうえで，自分で作成した教材（自主教材）の活用について述べる。

（2）既存の道徳用教材

①副読本

　これまで道徳の授業で主に用いられていたのは，読み物教材を収めた道徳の「副読本」であった。これには，文部省・文部科学省が出版したものと，民間会社が出版したものとがあった。これまで文科省が出版したものの中で，近年のものとしては「小学校道徳読み物資料集」（2011年），「中学校読み物資料集」（2012年）がある。

　文部省が出版した副読本の中には，民間出版社の副読本に採用され掲載されてきたものも多かった。例えば1976年の文部省『道徳の指導資料とその利用１』に収められていた小学校高学年対象の「手品師」は，その後多くの副読本に掲載されてきた。2018年度からの新しい道徳の教科書でも採用されており，定番教材となっている。

　各都道府県の教育委員会が出している副読本も多い。2017年５月に文部科学省が設置した「道徳教育アーカイブ」にも，都道府県教育委員会が開発した郷土教材が2020年８月１日時点で54件掲載されている。あわせて，発問や板書例を含めた活用事例が公開されている場合もある。高校生を対象にした副読本もある。まずは地域の伝統や偉人などを取り上げる場合，郷土教材を探してみるとよいだろう。もちろん自分で郷土教材を作成することも大事である。2017（平成29）年改訂学習指導要領解説には，郷土教材について次のように述べられている。「様々な題材について郷土の特色が生かせる教材は，児童にとって特に身近なものに感じられ，教材に親しみながら，ねらいとする道徳的価値について考えを深めることができるため，地域教材の開発や活用にも努めることが望ましい。」（第４節１〔２〕）。

②『心（こころ）のノート』

　道徳の副読本とは別に，2002年度からは『心のノート』という補助教材が文部科学省によって全国の小・中学生全員に配布された。写真や絵が豊富で非常にカラフルな作りになっており，児童生徒が親しみやすい作りになっていた。また，道徳の授業で扱うべきとされている「内容項目」に対応した４章を中心に構成されており，「内容項目」をわかりやすい形で示したとい

う点で特徴的であった。児童生徒が自分の考えを書き込めるスペースが随所に設けられていたのも，従来の副読本にはなかった点である。

③『私（わたし）たちの道徳』

　『心のノート』は2014年度に全面改訂され，それに代わって新たに『私たちの道徳』が配布された。『心のノート』の基本方針を継承しているが，先人等の名言，偉人や著名人の生き方や偉業に関する内容が多く取り上げられている点，従来の副読本に収められていた読み物教材が随所に収められていた点で，『心のノート』とは異なっていた。これらの『心のノート』や『私たちの道徳』の中で印象に残っている箇所があったら活用してみることもできる。

（3）「コラボ」としての教材の開発

　教科書は活用されなくてはならないが，単体で使われなければならないわけではない。その他の既存の教材と組み合わせたり，自分が作成した教材（自主教材）と組み合わせたりして活用できる。むしろ他の教材と組み合わせて活用したほうが効果的な場合も多い。しかも一から教材を自分で作るより簡単である。堀裕嗣は，他の教材と組み合わせて教科書教材を活用するやり方を提案している。このやり方には，教科書教材を中心に進めたうえでそのサポートとして自主教材を使う場合，逆に自主教材を扱ったうえで教科書教材に入る場合，さらには両方を並行して比較しながら進めていく場合などがある。いずれも教科書教材と自主教材（あるいは既存の教材）とを「コラボ」して活用するのである。

　この方法は，その地域の伝統や偉人についての教材を取り上げる際に役立てやすい。例えば第二次大戦時に，外務省の指示に背いてビザを発給することで数千人のユダヤ人の命を救ったと言われる杉原千畝を取り上げる場合，本人の言葉や助かったユダヤ人の言葉，ユダヤ人との交流を描いた新聞記事，自分の出したビザが無効にならないように画策した姿を描いた図書の引用など，多様な資料を組み合わせて活用することができる。

　「コラボ」する方法はまた，物語教材に対しても有効である。例えば宇野弘恵は，「花さき山」に続けて，自分の番ではないけれど，けんかになった

ら面倒だからゴミ捨てに行ってきた，など仮想の場面を複数提示し，「その子の場合に『花』は咲くか」「咲くならどんな花が咲くか」を問いかける授業を実践している。それにより，児童は「真の優しさと単なる自己犠牲との違いは何か」について考えることになる。このように，教科書の物語教材に対して更なる物語や視点を提示することで，児童生徒の理解を深めることが可能である。

　なお，物語系の教科書教材には，文学作品や絵本など元の物語が存在する場合が多い。その場合，可能であるならばそちらにも目を通しておきたい。元の物語が教科書教材になる過程で，話としてわかりにくくなってしまった場合が往々にしてあるためである。例えば，「はしの上のおおかみ」を読むと，「なぜ動物たちは毎日橋の上でぶつかってしまうのか」という，道徳とは無関係の素朴な疑問がわく。元の物語では，動物たちは朝日（夕日）を受けて前が見えなかったのである。元の物語に目を通すことで，どの部分が省略され，どの表現が変わったのか，その教材の中で何が強調されているのか，またその教材で何を学ばせられるのかがわかりやすくなる。内容についての児童生徒の疑問にも答えやすくなる。

3．教材活用における視点と注意点

（1）「何を学ばせるのか」を明確に

　以上のように，教材はさまざまな仕方で活用できる。その際に重要なのは，学習活動を通じて，「児童生徒がどのように考え，その結果何を知ることになるのか」を意識することである。授業とは，児童生徒の「認識の変容」を促す試みである。道徳では，しばしば心情や意欲，態度の変容が目指されるが，その場合も児童生徒の中で何らかの認識が変容したからこそ，心情や意欲が変わるのである。授業者の中でこの点が不明確であると，授業での活動が児童生徒を強く誘導するものとなったり，あいまいになったりしてしまう。

（2）偏った考え方や虚偽を教えない

　2017（平成29）年改訂学習指導要領には，「多様な見方や考え方のできる

事柄を取り扱う場合には，特定の見方や考え方に偏った取扱いがなされていないものであること。」と書かれている。つまり，教師は特定の見方や考え方に偏った授業をしないように注意しなければならない。さらに，事実に反する内容を教えることにならないようにも注意する必要がある。これは当然のことである。しかし，これまでの道徳授業では，しばしばこの当然のことが無視されがちだった。文科省作成の『私たちの道徳』においても，「江戸しぐさ」のように，現実には存在しなかった事柄が歴史的事実のように取り上げられてきた。児童生徒に価値について考えさせるうえで，事実として正しいかどうかは二の次にされる傾向があったのである。児童生徒を偏った考え方や誤った理解に導かないよう，教師は注意しなければならない。

参考文献・URL

荒木寿友（2018）「これからの道徳教材の方向性——資質・能力を育成するための道徳教材開発」『道徳と教育』336，pp.119-130。

堀裕嗣（2019）『堀裕嗣の道徳授業づくり——道徳授業で「深い学び」を創る』明治図書出版。

文部科学省「道徳教育アーカイブ」https://doutoku.mext.go.jp/（2020年8月1日閲覧）。

鈴木健二（2020）『中学校道徳——ワンランク上の教科書活用術』日本標準。

宇野弘恵（2019）『宇野弘恵の道徳授業づくり——生き方を考える！心に響く道徳授業』明治図書出版。

（原口友輝）

Q3　各教科等では，どのように道徳の学習を進めればよいか，説明しなさい

1．学校教育における道徳教育，道徳科

　学校では，さまざまな教科やその他の教育活動によって，道徳性の育成が担われていることは言うまでもない。道徳教育は，学校や児童生徒の実態などを踏まえて設定した目標を達成するために，道徳科はもとより，各教科，外国語活動，総合的な学習の時間及び特別活動などのあらゆる教育活動を通して，適切に行われなければならない。一方で各教育活動においては，特有のねらいがあることから，それぞれの特質に応じて学習を進める必要がある。各教育活動における道徳教育が，その特質に応じて意図的・計画的に推進され，相互に関連が図られることが重要である。

　例えば，総合的な学習の時間においても，主体的に判断して学習活動を進めたり，粘り強く考え解決しようとしたり，自己の目標を実現しようとしたりする資質・能力の育成は道徳教育につながるものである。また，特別活動においても，多様な他者の意見を尊重しようとする態度，よりよい人間関係を形成しようとする態度，自分たちで決まりや約束をつくって守ろうとする態度などは，集団活動を通して身に付けたい道徳性である。

　上述したさまざまな教育活動によって学習した道徳的価値を，全体にわたって人間としての在り方や生き方という視点から捉え直し，それらを発展させていこうとする時間が「道徳科」である。

2．各教科等における考え方

（1）各教科等と道徳教育との関連

　平成29年改訂『小学校学習指導要領解説　総則編』にも記載されているように，各科等でどのように道徳教育を行うかについては，学校の創意工夫によるところであるが，各教科等における道徳教育は，各教科等の目標に基

づいてそれぞれに固有の指導を充実させる過程で，道徳性が養われることを考え，見通しをもって進めることが重要である。各教科等の指導を通じて児童生徒の道徳性を養うためには，教師の用いる言葉や児童生徒への接し方，授業に臨む姿勢や熱意といった教師の態度や行動による感化も求められる。

例えば，社会科における郷土や地域の学習，体育科におけるチームワークを重視した学習，特別活動における集団形成の学習など，各教科と道徳科の指導のねらいが同じ方向であるとき，学習の時期を考慮したり，相互に関連を図ったりして指導を進めると，指導の効果を一層高めることができる。

（2）道徳と理科との関連

理科教育においては，「感動」や「畏敬」などが直接前面に出ないだけであって，理科にしか担うことのできない道徳性がある。

平成29年改訂『小学校学習指導要領解説　特別の教科　道徳編』によると，「栽培や飼育などの体験活動を通して自然を愛する心情を育てることは，生命を尊重し，自然環境の保全に寄与する態度の育成につながる」と記載されている。このように，理科は動植物の生命を扱うという点で，道徳教育との関連を見ることができる。さらにそれだけではなく，「見通しをもって観察，実験を行うことや，問題解決の力を育てることは，道徳的判断力や真理を大切にしようとする態度の育成にも資するもの」であるという。以下では，もう少し具体的に説明しよう。

①自然を通した原体験

摘み取った草花の香り，山野で採取した果実の味，土の温もり等，触覚・嗅覚・味覚を通して自然と触れ合う原体験は，子どもの心に楽しい思い出として残る。このような生の自然を通した原体験は，後に学ぶ内容と関連付けられ，生きて働く知識や知恵となると考えられる。また，遊びであれ学習であれ，ヒトはできるようになったり上達したりして成就感を得ることによって，さらに意欲的な行動を起こす。成就感は快感の一種でもあり，この快感が人間精神の発動，行動の原動力ともなる。したがって，栽培や飼育の場面において，「なぜだろう」「不思議だな」と感じる科学的な知識への発展という意味に留まらず，不思議だと感じる感性を育むことが大切である。

②観察や実験などの探究活動

　上述のような原体験を基盤として，事象を因果関係の視点でとらえる見方・考え方を働かせる思考の訓練を行うことで，観察や実験において問題を見いだしたり，作業仮説・説明仮説を立てたりすることが可能となる。

　児童生徒は，自然の事物・現象について，何らかの既有の見方・考え方をもっている。そして新たな自然の事物・現象に出会うと，「〜が…なのは，○○だからだ」などと説明仮説を立てて，既有の見方・考え方に当てはめようとする。しかし，既有の見方・考え方では説明できない自然の事物・現象が提示されると，自分の知識や経験では説明できないことに気付く。そこで，真理を探究しようと努めたり，他者と協力して新たな説明仮説を発案したりするのである。

（3）道徳と音楽科との関連

　芸術教科の1つである音楽科は，道徳教育と直接結び付きにくく思われるかもしれないが，平成29年改訂『小学校学習指導要領解説　特別の教科道徳編』に示されているように，音楽を愛好する心情や音楽に対する感性は，美しいものや崇高なものを尊重する心につながるものであり，また，音楽科の学習指導を通して培われる豊かな情操は，道徳性の基盤を養うものである。

①日本の歴史や文化との関わり

　例えば，音楽が土地の風土・生活・文化・歴史とどのように関わって成立しているのか学習することは，我が国や郷土の伝統と文化を大切にすることや，愛する心をもつことにつながる。祭りや芸能の音楽，民謡などが土地の風土・文化と密接につながり発祥・変遷したことや，日本伝統音楽の成立過程や歴史的背景などが内容として考えられる。歴史的・地域的に広く音楽に触れ，それぞれの背景を知ることで，音楽もまた時代の移りとともにその性格や使命が変化することを知り，同時に様々な民族が享受する音楽の多くは，時代を超越して普遍的に存在し続けることも知ることができる。

②世界各地の歴史や文化との関わり

　上記のことは，日本だけでなく，世界各地の地理や歴史的な学習と関連さ

せる学習に発展させることができる。世界の人々の生活，そこに生まれ育った音楽について学習することにより，音に対する感性や，言葉の音を含めて，多様であることを学ぶ機会となる。例えば，モンゴルのオルティンドーは，遊牧民のため1人で歌うことが多いためなのか，自由リズムで独特のコブシを多用する。また，インドネシアのガムランは，「青銅のオーケストラ」と呼ばれ，銅と錫の合金でできた楽器群を主としている。その楽器は聖性をもつ生きたものとされ，人々は供え物を欠かさない。このような，自国とは異なる精神性についての学習も道徳性の育成につながるものであろう。

（4）各教科における学習の進め方

以上，理科と音楽を例として取り上げたことで具体的に明らかとなったが，各教科の特色によって，関連する道徳的価値の内容が異なる。そのため，学校ではどの教育活動においても，道徳教育の内容を意識し，バランスよく学ぶことができる環境を整えることが大切である。道徳性は，特定の教科だけで育成できるような簡単なものではないうえに，私たちが生きるための基盤である。そのことを意識すると，各教科における指導もより深みを増すのではなかろうか。

参考文献

小林辰至編著（2017）『探求する資質・能力を育む理科教育』大学教育出版。

日本学校音楽教育実践学会編（2006）『生成を原理とする21世紀音楽カリキュラム——幼稚園から高等学校まで』東京書籍。

（前田舞子）

Q 4　道徳教育において問題解決的な学習が再注目されている。これを踏まえて，道徳の内容と方法の関係について原理的に説明しなさい

　道徳はどのような方法で教えればいいか。このように問う私たちは，おそらく暗示にかかっている。このように述べると，「真剣に答えてください。ここまでこの本を読んできて，本当に『徳』とは教えることが難しいと思うのです。どうしてこのように問うのがおかしいのですか」という言葉が返ってくるかもしれない。もちろんおかしくない。ただし，この問いにはある前提がある。道徳には正解というものがなく，「普通」の授業とは性質が違うのだから，「普通」の教え方ではダメだ，という前提である。

　上述の想定問答を例にして，まず，その「普通」の中身を検討したい。おそらくそれは，「点数主義」とか「暗記主義」といった言葉で呼ばれてきたような，テストで評価できるような授業を想定しているのではないだろうか。数学や国語は，仮に実生活では何の役に立たなくても，「テストでいい点数を取りさえすれば，なんだかんだ周りの大人や友人たちから一目置かれる進学先を得ることができる」と，私たちは考えるかもしれない。しかし道徳は，特別な教科になったとはいえ受験で出題されるわけではなく，実生活で役に立たなければ何の意味もない。したがって実生活に役立つ授業が必要で，「どのような方法で教えればいいか」という問いが生まれる。ただし，おそらく気が付いている通り，数学や国語の授業であれ，記述試験で点が取れさえすればいい，というものではない。その意味で，道徳教育に固有の方法というものはなく，教育の内容の，ある側面が強調されるにすぎない。

1．陶冶と訓育と訓育的教授

　私たちは教育の中に，「普通」と「そうでないもの」を直感している。「普通」という言葉で示した内容を，ここでは「教えられるもの」に対応させ，「そうでないもの」という言葉で示した内容を「教えられないもの」に対応

させて考えたい。「教えられるもの」が，上で確認したような「知識」や「技術」と呼ばれるものであれば，「教えられないもの」を学習者の「意志」や「情意」と呼ぶことができる。かつて吉本均という教育学者は，教育を，相対的に独立した2つの側面に分類できると主張した。前者に対応するのが「陶冶」で，後者に対応するのが「訓育」である。重要なのは，陶冶と訓育は，相対的に独立はしているものの，教育活動の中では統一的に扱われなければならない，という点である。両者が統一された指導を，訓育的教授と呼ぶ。

　「知識」や「技術」は往々にして，実生活で使えるという有用性をもってはじめて「意志」や「情意」と結び付く。海や川で魚を見かけている人は，そうでない人に比べて魚を釣るための「技術」に好奇心をもちやすいであろう。反対に，「知識」をテストのためだけのものと考えていれば，試験に出ない「知識」を貪ろうとする意欲は湧いてこない。いわゆる「勉強のための勉強」は，学びの本来の値打ちを小さくしてしまっているのである。つまり，「単位のため」「進学のため」といったような，狭い意味での功利性から解放された訓育的教授が，道徳教育にはとりわけ求められる。

2．問題解決的な学習

　このような課題に取り組むべく，アメリカの哲学者ジョン・デューイ（J. Dewey）は，オキュペーションと呼ばれる作業的な科目を学校に導入して，「小型の社会」として学校を捉え直した。子どもたちは，作業を通じて，社会的に，協力，責任，義務などのモラルを身に付けるだけでなく，的確な作業を行うために，作業の目的と方法に付いてよく考え，使用する材料についての理解を深めるための探究活動を行う。探究活動を通じて，子どもは，地理，歴史，理科，数学などの基本的知識（陶冶）なしには，作業がうまくやれないことを発見する。教師の注意は，子どもがそれらの知識を自ら興味をもって獲得できるような環境を整備することに払われる。

　ここで重要なのは，子どもは教師の意志によって活動を行うのではなく，自らの意志によって活動を行うという点である。子どもたちは，必要とあれ

ば教師に尋ね，図書館で調べるなどの様々な手段を通じて探究的に学ぶ。そして，学んだことが有効かどうか実生活で試してみる。そこで生じる様々な問題を，子ども自身が自分の問題として積極的に解明しようとする。これがいわゆる問題解決学習（Problem Based Learning）の原型である。道徳教育が「単位」や「進学」のような狭い功利性にとらわれないのであれば，子どもが関心をもち，なんとかして解決しなければならないと考えているような問題を中心として展開されることが期待される。

このような考えに再び注目が集まり，平成29・30年改訂学習指導要領では，各教科で知識・技能を活用する学習活動を充実することを目指して，課題解決的な学習や探究活動の質的な充実が図られている。「課題解決学習」は，問題解決学習と系統学習を止揚する立場として開発されたものである。平成29・30年改訂学習指導要領において総合的な学習の時間が削減されながらも，体験的な学習や課題解決的な学習がますます重要とされているのは，問題解決的な学習が教育の陶冶的側面を軽視することへの抑制と捉えることができる。

3. 目的と方法の関係

「学習は常に問題解決のための学習でなければならない」という問題解決学習が，道徳教育の方法を理解する態度であるとするならば，次のことが自覚されるだろう。第一に，解決するための目的を決めた後に，方法を考えるということである。当然のように思われるかもしれないが，手段は目的によって決まる。ただし，第二に，可能な手段にはどのようなものがあるかを明らかにすることによって，目的の立て方も一様ではなくなることを考慮する必要がある。その意味では，平成29・30年改訂学習指導要領において示された「考える道徳」「議論する道徳」に関しても，議論をすることが真に目的の達成につながるかが問われなければならない。

加えて，議論は問題解決のために行われるだけでなく，問題発見，つまり問題を知るために行われる場合もある。対立する2つの道徳的価値を見比べ，価値判断の根拠を問うモラル・ジレンマ授業や，事例（ケース）を事前

に読み込んだうえ，各人の分析結果あるいは意思決定の内容やその理由を教師のリードの下で発表し，議論する授業形式であるケース・メソッド授業等は，問題発見を目的として行われる場合もある。

　ただし，問題発見のみで授業が完結することはまれだろう。実際の生活では，問題発見の後に，いかになすべきかが各人に問われるからである。試行錯誤を経て発見・共有された子どもたちの切実な問題が，果たして議論や対話という方法でもって解決可能なのか。対話それ自体を道徳教育の目的としていないか。「答えがないこと」を答えとし，問題解決のために必要な陶冶的側面の探求・発見をおろそかにしてはいないか。これらの問いを通過すること，すなわち，授業者自身が目の前の子どもから看取した問題の解決のために道徳授業を構想し，訓育的教授を行うことが期待されている。

参考文献

荒木寿友・藤井基貴編著（2019）『新しい教職教育講座 教職教育編7　道徳教育』ミネルヴァ書房。

ジョン・デューイ（宮原誠一訳）（1957）『学校と社会』岩波書店。

山田英世（2016）『J・デューイ　新装版』清水書院。

岩垣攝・豊田ひさき編，吉本均（2006）『学級の教育力を生かす吉本均著作選集1　授業と学習集団』明治図書出版。

（山田直之）

Q5　道徳教育における言語活動の充実について述べなさい

1．言語活動の充実に至る背景

　道徳教育における言語活動の充実が求められた契機は，2008（平成20）年改訂の小・中学校学習指導要領に確認できる。言語が，知的活動のみならず感性や情緒および他者とのコミュニケーションの基盤であるという認識に立ち，国語科を中核とした，子どもの発達段階に応じた教科横断的な指導とそれを支える多様な教育環境の活用が主張された。そして，道徳の時間においては，言語活動を充実させることによって，他者の考えに接し，自他共に思考を深める学習活動が求められたのである。

　それ以前の道徳教育においても言語活動は重要な役割を果たし続けてきた。パネル・ディスカッション，シンポジウム，バズセッション，ディベートといった話し合い活動は中心的な指導方法であったし，教師による説話や読み物教材，各活動や発問あるいは板書なども欠かせないものであったが，2008（平成20）年の改訂では，思考力，判断力，表現力等および主体的な学習態度を育てるために話し合いや書くこととなどの言語活動の重要性が再確認・強調されることになる。

　そして，2017（平成29）年改訂の小・中学校学習指導要領を受けて，道徳教育は特別の教科としての質的転換を成し遂げながらも，引き続き言語活動のより一層の充実を図ることが求められることになったのである。

2．新しい道徳と言語活動の充実

　この度の学習指導要領改訂によって，道徳の時間は「考え，議論する道徳」教育へとその質的転換を果たしたため，言語活動の充実がますます求められるようになった。2017（平成29）年改訂の小学校学習指導要領にあるように，子どもたちが多様な感じ方や考え方に接し，自らの考えを深め，判

断したり表現したりする力を育むべく，話し合ったり書いたりする等の言語活動の意義が強調されている。

　書くことは，子どもが自らの感じ方や考え方を整理・認識したりすることに資する。書き残された言葉はそれらの振り返りに有効であるのみならず，積極的に発言することが苦手な子どもにとって，自らが感じたことや考えたことを他者と交流したり対話したりするための有効な手段でもある。

　話し合いは，様々な道徳的価値観について，他者との対話を行う礎である。他者との対話によって，多面的・多角的な感じ方や考え方を知ることができるし，さらにそれらを深めることすらできる。多角的・多面的な見方を知ることによって，他者への寛容な態度を養ったり，協働的に価値観やルールを創造していくための互いに歩み寄りにつながるからである。

　このように言語活動の充実は，「考え，議論する道徳」を実現するために必要不可欠な手段なのである。

3．言語活動の充実を図るにあたっての留意事項

　ただし，いくつかの留意事項がある。子どもに積極的な発言を促すことも重要であるが，その結果，たとえ多数の発言がみられたとしても，単に相手を言い負かそうとしたり，自分の意見の正しさのみを主張したり，相手の理由を踏まえずに発言したりといった，表面的に活発に見えるだけの言語活動にならないよう注意する必要がある。また，子どもの言語活動の技能を高めることも意識しつつ，その基礎となる自由にお互いに意見を述べ合えるような望ましい集団を，言語活動を充実させるなかで形成していくことを忘れてはならない。

参考文献・URL

　文部科学省（2018）『小学校学習指導要領（平成29年告示）解説　特別の教科　道徳編』廣済堂あかつき。

　渡邉満ほか編（2016）『「特別の教科　道徳」が担うグローバル化時代の道徳教育』北大路書房。

（平田仁胤）

Q6　複数時間あるいは複数教員による道徳授業の事例と，その指導方法のメリット及びデメリットと改善策を論述しなさい

1．学級目標実現に向けた道徳科と学級活動から成る単元授業の事例

　子どもたちの学級目標実現に向けた取り組みと道徳科の学習を結び付けながら，その後の学級目標実現へのさらなる取り組みの意欲を高めることを意図した単元授業の事例を示す。単元授業全体の流れとして，まず，道徳科と学級活動から成る全5回の単元構成の第1回の学級活動で学級目標の実現に向けた課題を確認したうえで単元全体のねらいを設定した。そのねらいに関わる中心価値についての子どもたちの発達段階と課題を明確にしたうえで，中心価値に関連する価値を扱った3つの教材を選定し，道徳科の3回の授業を実施した。そして第5回の学級活動で単元全体の振り返りを行った。

　具体的には，小学校第4学年で4月に立てた学級目標（思いやり，メリハリ，優しさ，勇気）について，5月に行った第1回の学級活動でその実現に向けた課題を確認した。子どもたちから学級目標についてもう少しがんばりたい課題として「メリハリ」が挙げられたことから，メリハリある判断のできる先を見通す子どもにしたいという教師の願いに基づいて，「一人ひとりがもっとよい判断をするために大切なことは？」という単元の課題を設定した。その後の道徳科の授業については，第2回では，主人公のけいたが教室の水槽を洗っていてひびを入れてしまい，これくらいなら黙っていても大丈夫という思いと正直に言おうという思いで葛藤する教材「ひびが入った水そう」（正直・誠実）を用いた。そして，「もし，ずっと言わなかったら，けいたくんはどうなるかな」という発問から，自分の問題についてよい判断をするために大切にしたいことを考えさせた。第3回では，学校の休み時間に靴箱でクラスメイトのゆかが他のクラスメイトの上履きを隠すのを見てしまっ

た主人公が，ゆかに声をかけるかどうか迷う教材「どうしよう（「ほっとけないよ」から改題）」（友情・信頼）を用いた。そして，ゆかさんの行動の背景について想像させたうえで「言ったらどうなるか，言わなかったらどうなるか」考えさせ，相手の問題についてよい判断をするために大切なことを考えさせた。第4回では，学級対抗全員リレーで優勝したいと思っているクラスメイトが，走るのが遅いたけしをリレーの前日まで風邪で休んでいたという理由でメンバーから外した方がよいと言っている状況で，たけしが練習を頑張っていたことを見てきた主人公がみんなの勝ちたい気持ちとたけしのリレーに出たい気持ちの間で葛藤する教材「クラスたいこう全員リレー」（集団生活の充実）を用いた。そして，「たけしを出さなかったらどうなるか」，「たけしが出てビリになったらどうなるか」考えさせたうえで，クラスの問題についてよい判断をするために大切なことを考えさせた。最後に第5回の学級活動で，単元のテーマについてこれまでの学びを振り返って自分の考えを発表させ，これから大切にしていきたいことについて振り返らせた。

　この指導方法のメリットとしては，全5回の授業を通して単元目標を設定し，その成果を評価することになるため，個々の道徳科の授業において教師がねらった目標を十分に達成できなかったり，若干目標からそれたりしたとしても，その後の授業を通して補足や修正を行いながら柔軟に単元目標の達成に近づけていくことができる点が挙げられる。また，子どもたちの学級目標に対する問題意識から単元目標が立てられるため，単元終了後も生活における実践意欲が持続しやすい点もメリットである。

　デメリットとしては，子どもたちの興味関心と単元目標に合わせて適切な教材を選択し，発問を設定するための時間が十分に取れない点が挙げられる。

　デメリットの改善策としては，あらかじめ学級の問題場面を扱った教材を集めて教材分析を行っておき，学級目標を立てる時点で子どもたちの学級に対する課題意識を把握し，教師の願いや子どもたちの課題意識に関連する複数の教材候補を設定しておくことが挙げられる。

2．複数教員によるローテーション授業の事例

　中学校において全教員が「考え，議論する道徳授業」を意識したローテーション授業を行うことで「主体的・対話的で深い学び」を目指した事例を示す。この中学校では道徳教育推進教師が「考え，議論する道徳授業」の具体例を提案授業の形で示した後，生徒同士がメンバーを固定せず多様な生徒と意見交換する場と時間を保証すること，生徒自身の考えを記述する場と時間を保証すること，生徒自身との関わりで考えたり自ら疑問をもてるようにしたり学びを日常生活に生かせたりする問いや展開を用意することを意識した授業づくりを行ったうえで，学年単位で3〜4週間のローテーション道徳を年に1回実施している。その際，学年単位で道徳科の時間を同一コマに配置し，学年所属の担任外教員はそのコマが空き時間となるよう時間割を調整している。例えば5クラスの学年の場合，担任外を含む8名の教員が4回のうち2〜3回の授業を担任していないクラスで実施することで担任が自クラスの授業を参観できるようにしている。これにより，その後の学年会の際に担任が授業者や参観者から生徒の学習状況や道徳性に係る成長の様子について意見交換をすることを可能にしている。

　道徳教育推進教師が実施した生徒アンケートによれば，「チャンスがあればまたローテーション道徳をやってみたい」という問いに，各学年とも90％以上の生徒が「とてもそう思う」「まあまあそう思う」と回答している。その理由として「（担任以外の教師による授業で）新鮮な気持ちで受けられた」，「多様な考え方を共有できた」，「先生によっていろいろな考え方をもっているのでいろいろなことを知りたい」といった記述が見られた。その一方，一部に「普段あまり関わらない先生だと話しづらい」と書いた生徒も見られた。また，教員アンケートでは，「授業を担当していない生徒への理解が深まった」，「同一教材を複数回授業することによって，発問や板書を改善することができた」といった意見が出されたほか，道徳教育推進教師によれば，参観授業によって他の授業者が行っている生徒の思考を可視化する多様な工夫を知って，自分の実践に取り入れる姿も見られたとのことである。

ローテーション道徳のメリットとしては，同じ教材で複数回授業を行える
ことや他の教員の授業の工夫から学ぶ機会が確保されることにより教員の指
導力向上につながること，生徒の学習状況や道徳性に係る成長の様子を複数
の教員が見取って評価することで評価の妥当性や信頼性を高めることができ
ること，生徒が多様な指導法や価値観に触れることができるためより広い視
野から多面的・多角的に考える機会が与えられることなどが挙げられる。

　デメリットとしては，時間割の調整や教員間の協力態勢の確立，授業改善
の目標設定と教員間での共有を事前に行わないと担任が道徳授業を他の教員
に丸投げする結果につながりやすいこと，生徒が普段話す機会のない教員の
授業では安心して意見を発言しづらいこと，自クラスの教科授業が少ない担
任の場合にはローテーション道徳によってクラスの生徒と関わる時間が減っ
て生徒の状況を把握しづらくなる恐れがあることなどが挙げられる。

　デメリットの改善策としては，ローテーション道徳を実践する前に，校長
のリーダーシップの下で道徳教育推進教師が道徳科の授業改善に取り組み，
一定の成果を挙げてその成果を教員間で共有できる環境を整えること，各教
科の授業で日常的に正解が多様にある課題を扱ったり学級活動で多様な意見
を出し合い聴き合ったりする場と時間を全教員が保証すること，週1回しか
自クラスの教科授業を行わない教員はローテーション道徳の期間の道徳科以
外の教科の時間に自クラスに補助教員として関わることで生徒の状況を把握
できるようにすることなどが挙げられる。

参考文献・URL

星美由紀（2018）「道徳科における組織的な評価の試み──『ローテー
　　ション道徳』を通して」『中学道徳通信　とびだそう未来へ
　　2018年秋号』教育出版，pp.10-12　https://www.kyoiku-shuppan.
　　co.jp/tsushin/files/18at_18doutoku.pdf（2020年8月31日閲覧）。
吉田誠・逸見裕輔（2020）「コンピテンシー・モデルとホワイトボード・ミー
　　ティング®によるエピソード評価──学級目標達成に向けた道徳
　　科単元学習における指導と評価の一体化の試み」『道徳と教育』
　　338，pp.121-131。　　　　　　　　　　　　　　　（吉田　誠）

第**9**章

学校における道徳教育の評価

Q1　道徳教育における評価の意義について説明しなさい

1．学校教育における評価

　平成29年版学習指導要領の第1章　総則の「第3　教育課程の実施と学習評価」の「2　学習評価の充実」において，まず，「学習評価の実施に当たっては，次の事項に配慮するものとする」と記されている。そのあとに続けて，「(1)　生徒のよい点や進歩の状況などを積極的に評価し，学習したことの意義や価値を実感できるようにすること。また，各教科等の目標の実現に向けた学習状況を把握する観点から，単元や題材など内容や時間のまとまりを見通しながら評価の場面や方法を工夫して，学習の過程や成果を評価し，指導の改善や学習意欲の向上を図り，資質・能力の育成に生かすようにすること」，と評価の在り方が示されている。しかし，そのような見方が，教育界には一部の人たちを除いて，定着されてきたとはとても言えない。

　実際に，「評価」と聞くと，多くの人は「成績」を思い浮かべるのではないだろうか。小学校から大学入学までの体験を振り返ると，学校生活において通知表や調査書の成績評価が学習結果に付きまとっていたために，「評価」と「成績」を同一視する傾向が生まれた。その中には，上級学校への受験を考えるときには，学校の選択や受験の合否の参考のために，「偏差値」を自分の「評価」として受け取っていた人も少なからずいるであろう。つまり，

評価は優劣を判定するものであると見なされてきたのである。

　そこで，文部科学省では，そのような負のイメージを払拭して，評価観の転換を図るために，先に引用した文章が，平成29年版学習指導要領の総則に新しく加筆されたと考えられる。とりわけ，その学習指導要領では，学習指導の効果・効率を確認する，さらに言えば，上げるために，PDCAサイクル，つまり計画（Plan）・実施（Do）・評価（Check）・改善（Action）サイクルに基付いた授業改善の促進を強調することによって，指導過程における評価の位置付けがより明確化され，評価観の転換が図られている。

　しかし，そのような評価観の転換は，残念ながら学習指導要領に記されたにすぎないのであって，現実の教育現場には，まだ十分に浸透されていないために，評価することへのわだかまりは強く残っている。とくに，道徳教育はその代表であると言ってよいであろう。

2．道徳教育における評価の困難性

　教育現場では，道徳教育だけでなく，教科教育やその他の教育活動においても，一般に評価研究は盛んではなかった。とりわけ，道徳教育における評価は低調であった。その主な理由としては，次の3点が考えられる。

① 　かつての修身科において行われた授業の評定が思い出されるからである。もちろん，そこには，既述したような評価と成績の同一視という間違った意識が強く残存していた。

② 　子どもの人格や内心（内面）が評価されることに対する危惧が挙げられる。その際にも，前述した評価と成績の同一視の意識が存在していたこともあいまって，より大きな不信感を教師は抱いていた。例えば，「道徳の成績が最も低い1という評点になれば，人格の否定につながるのではないか」というような批判がそれに当たる。また，「心を評価すべきでない」という信念のような立場からの批判は，古くから存在している。

③ 　道徳教育の評価と道徳授業（道徳科）の評価が混同されていたからである。そこにも，評価と成績の同一視という間違った意識が拍車をかけ

ていた。例えば，「道徳授業で最も高い5という評点が与えられた子ど
もであっても，その子どもが学校活動のなかで悪い行為をするのではな
いか」という批判はそれに当たる。

　もちろん，道徳教育において評価は確かに低調であったが，まったく注目
されてこなかったわけではない。実際に，「道徳の時間」の特設から「特別
の教科　道徳」の新設に至るまで，学習指導要領において，表現の違いは
あったものの，常に評価に関する記述は示されてきた。ところが，平成29
年改訂の学習指導要領では，前述した③の問題を解決するために，学校にお
ける道徳教育の評価は，道徳授業の評価に絞られるようになった。

3．道徳教育の評価の意義と危険性

　最近は，道徳が教科になった限りは，各教科の授業と同様に，評価が「特
別の教科　道徳」の授業に必要であるという考え方から，道徳授業の評価が
強く叫ばれるようになった。つまり，授業としての教育活動には，子どもへ
の働きかけに対する成果の把握，そしてその教材や指導法の問題点とその改
善のために，評価は必要なのである。ところが，既述したように，とくに道
徳授業に関しては，これまでさまざまな誤解や危惧もあって，それぞれの教
科教育の授業に比べて，評価はきわめて低調であった。

　そのような現状をかんがみるならば，何よりも，道徳授業やそれに関連す
る問題を改善する点で，評価は，大きな現代的意義を有している。とくに，
道徳授業の目標，教材や資料，指導法，授業計画をはじめ，道徳授業を含め
たうえでの学校教育全体で行う道徳教育の理念や計画などについても，教師
自身が所与のものとして受け取るのではなく，それらを自ら改善していくと
いう意識を強くもつようになる意味でも，評価は道徳授業，とりわけ指導法
の改善にとってきわめて有益である。つまり，教育や指導の改善に対して，
有効な情報が評価，特に学習評価から提示されることになる。

　さらに学習評価の有効性について付け加えると，適切な評価が行われるな
らば，評価は，子どもの励みになって自己学習の向上に寄与するとともに，
家族や社会などの外部への説明責任を果たすことになるであろう。

しかし，すべての教科などにおいても言えることであるが，とくに道徳科においては，有効性だけに気を取られるあまり，評価の危険性は決して忘れられてはならないであろう。そこで，最後に，その評価の危険性について，より根本的な点に絞って，簡単に指摘しておくことにしたい。

すなわち，評価はつねに二重の機能を有するということである。つまり，情報的機能と統制的機能である。上述したような有効性を発揮するのは，情報的機能である。危険な問題になるのは，評価が教育において内在する統制的機能に悪用されてしまうことである。道徳科において統制的機能がことさら強化されるならば，教育としての道徳教育は崩壊してしまうことになる。もちろん，道徳教育や道徳科においては，両方の機能が必要であるが，基本的な姿勢として，評価の統制的機能は最小限に留め，その情報的機能が子どもの人間形成のために最大化されるべきである。

参考文献・URL

永田繁雄編（2017）『「道徳科」評価の考え方・進め方』教育開発研究所。

西野真由美・鈴木明雄・貝塚茂樹編（2017）『「考え，議論する道徳」の指導法と評価』教育出版。

吉田武男（2018）「道徳教育の評価」田中マリア編著『MINERVAはじめて学ぶ教職12　道徳教育』ミネルヴァ書房。

吉田武男（2019）「道徳の教科化の課題・展望」『季刊教育法』201，pp.24-33。

道徳教育に係る評価等の在り方に関する専門家会議（2016）「『特別の教科道徳』の指導方法・評価等について（報告）」https://www.mext.go.jp/component/b_menu/shingi/toushin/__icsFiles/afieldfile/2016/08/15/1375482_2.pdf（2020年8月30日閲覧）。

中央教育審議会（2016）「幼稚園，小学校，中学校，高等学校及び特別支援学校の学習指導要領等の改善及び必要な方策等について（答申）」https://www.mext.go.jp/b_menu/shingi/chukyo/chukyo0/toushin/__icsFiles/afieldfile/2017/01/10/1380902_0.pdf（2020年8月30日閲覧）。　　　　　　　　　　　　　　　　　　　　　　　　（吉田武男）

Q2　道徳教育における評価の基本的な考え方について述べなさい

1．道徳教育と「特別の教科　道徳」の評価

　道徳教育における評価を考える際には，次に示す2つの評価を整理して考えることが大切である。

　1つは，学校の教育活動全体を通した道徳教育の評価である。これは，指導要録における「行動の記録」，「総合所見及び指導上参考となる諸事項」の欄と関係がある。いま1つは，「特別の教科　道徳」（以下，道徳科）の評価である。2019（平成31）年に改訂となった指導要録の参考様式では，道徳科の評価欄が新たに設けられ，この授業に特化した評価が行われることとなった。

2．道徳教育における評価の基本的な考え方

　学校における道徳教育の目標は，計画的，発展的な指導によって道徳性を養うことである。道徳性とは，人間としてよりよく生きようとする人格的特性であり，内面的資質とされる。このような道徳性が養われたか否かは，容易に判断できるものではない。それでは，道徳教育では，どのような評価が行われるのだろうか。ここでは，道徳教育における評価の基本的な考え方として，次の3つのポイントを確認していく。

（1）記述式の評価

　指導要録における「総合所見及び指導上参考となる諸事項」および道徳科の評価欄には，数値などではなく，文章が記述される。ここでいう「数値など」とは，点数をつけることだけを指しているわけではない。ＡＢＣといった記号で評価することや「おおむね満足」といった評語で段階的に評価することも行わないのである。「総合所見及び指導上参考となる諸事項」の欄では，行動に関する所見や，児童生徒の成長の状況にかかわる総合的な所見な

どが文章で記される。また，道徳科の評価欄では，児童生徒の学習状況や道徳性に係る成長の様子を継続的に把握して，これらが文章で記述される。

　なお，指導要録における「行動の記録」の評価は文章の記述式ではない。この記入欄には，各項目の趣旨に照らして十分満足できる状況にあると判断される場合に〇印が記入される。

（2）認め励ます個人内評価

　小・中学校における2017（平成29）年改訂学習指導要領では，児童生徒のよい点や進歩の状況などを積極的に評価し，学習したことの意義や価値を実感できるようにすることが，評価の基本方針とされている。

　このような評価の基本方針を踏まえ，道徳教育の評価では，他の児童生徒との比較ではなく，児童生徒がいかに成長したかを積極的に受け止めて，これを認め励ます個人内評価が行われる。その際，児童生徒が自らの成長を実感し，意欲の向上につながるような評価とすることが重要である。

（3）大くくりの評価

　道徳教育の評価にあたっては，児童生徒の多種多様な学習活動に着目し，年間や学期といった一定の時間的なまとまりのなかで，継続的に把握しながら，学習状況や成長の様子を的確に見取ることが大切である。道徳科の授業においては，特定の1単位時間の授業のみで見取ったり，個々の内容項目ごとで見取ったりするのではなく，大くくりなまとまりを踏まえた評価をすることが求められる。このような大くくりなまとまりで評価を行うことで，一定の期間を経て，多面的・多角的な見方へと発展したり，道徳的価値の理解が深まったりする児童生徒の成長の様子を見取ることが可能となる。

参考文献

石田恒好ほか編著（2019）『道徳の評価　通信簿と指導要録の記入文例』図書文化社。

田沼茂紀編著（2016）『「特別の教科　道徳」授業＆評価完全ガイド』明治図書出版。

（板橋雅則）

Ｑ３　道徳科におけるポートフォリオ評価，エピソード評価，パフォーマンス評価のそれぞれの意義を説明しなさい

1.「考え，議論する道徳」において有効な評価方法

　道徳科における評価では，児童生徒の成長の過程を見取ることが肝要である。成長の過程を評価するためには，子どもの発言や記述や振る舞いなどを，教師が継続的に捉えることが不可欠である。ただ，「先生が求めているのはこういう発言だろう」という推測のもとなされる，うわべだけ取り繕った子どもの表現を評価材として蓄積しても意味がない。子どもたちがリアルさを感じる課題に取り組むなかで，現れ出てくる表現を蓄積し，その表現の変化の過程を評価することが重要である。さらに，道徳科の評価においては，子ども一人ひとりの人間的な成長を見守り，その努力を認め，さらなる成長を促すことが求められる。そのうえで，教師自身の道徳科の指導が適切であったかどうかの評価にもつながることが望ましい。すなわち，道徳科の評価において重要な要素は，①継続的に評価の素材を蓄積すること，②子どものリアルな表現を引き出せる課題に基づいた授業計画と評価の仕組みを作ること，③子どもの成長を促すこと，④道徳科の指導の充実・改善に生かされること，の４点にまとめることができる。このような要素を満たした評価とはどのようなものか。以下では，その代表例としてポートフォリオ評価，エピソード評価，パフォーマンス評価の３つの評価方法を取り上げよう。

2.ポートフォリオ評価

　原語の英語では「書類ばさみ」を意味するポートフォリオは，一人ひとりのワークシートや作文などの成果物や，その児童生徒に対する印象などを１つのファイルにまとめたものを指す。そのようにしてまとめられた素材に基づいて評価を行うのがポートフォリオ評価である。例えば，ポートフォリオ

の初めの方に綴じられたワークシートには，自分の考えについての記述しか残っていなかったものの，最後の方に綴じられたワークシートでは，他のクラスメイトの考えと自身の考えとを比較した記述を見いだすことができたとき，この記述の変化のうちに，多角的なものの考え方が身に付きつつあるという成長の軌跡を見いだすことができるだろう。道徳科の評価のために必要な様々な素材を継続的に蓄積することができるため，道徳科においてポートフォリオ評価は有効な評価方法だと言える。

ポートフォリオの優れた点は，児童生徒がどのような成長を遂げ，どのような段階に到達し，どのような課題が残っているのかを，児童生徒に伝えることができるのに加え，保護者にもそれを伝えることができる点にある。児童生徒は学期末や学年末にポートフォリオを振り返ることで，自分の成長を実感し，また今後の課題を見て取ることで，成長に向けて意欲的に取り組むことができるだろう。加えて，ポートフォリオは，保護者に対して評価の実情を伝える際にも役立つ。教師の評価がどのような根拠に基づいて行われているかを保護者に理解してもらうために，ポートフォリオは有用である。特に道徳性は，学校だけでなく日々の保護者を含めた人々との関係のなかでも育まれるものであるため，児童生徒がどのような成長を遂げ，これからどのような課題があるかを具体的に保護者に理解してもらうことは重要である。

3．エピソード評価

エピソード評価は，教師が児童生徒と日々関わる中で感じた印象や，見聞きした発言・振る舞いなどをエピソードとして記録し，そのエピソードを基にして行う評価である。エピソードを蓄積することを通して，継続的に児童生徒の成長の過程を見て取れることが道徳科の評価において有用な点である。特に，エピソードの種類に応じて教師の側であらかじめエピソードを分類しておけば，場面ごとに，どのような変化が生まれたかを見渡しやすくなる。加えて，普段から発言の少ない子どもや，自分の気持ちを記述することが苦手な子どもの状況を，些細な様子の変化から読み取ることができるのもエピソード評価の優れた点である。

エピソード評価は，教師の主観によって大きく左右される性格をもつ。この点は利点でもあるが，欠点でもある。エピソード評価は，評価者である教師自身が自分で感じ取ったことを記述するので，子どもの姿を想起しやすいという利点がある。しかし，エピソードの内容は教師の主観的な判断や解釈に依存することになり，客観性に欠ける可能性が常につきまとう。この欠点を補うために，複数の教師で協力して，評価の妥当性を確認するなどの工夫が必要であろう。このように複数の教師によるエピソードの検討は，一面的な児童理解から抜け出すきっかけになる可能性も秘めている。

4．パフォーマンス評価

パフォーマンス評価は，問題解決が求められる現実の場面に即したリアルな課題（パフォーマンス課題）に対する，児童生徒の取り組み（発言，姿勢，成果物など）を評価するものである。現実の場面に即したリアルなパフォーマンス課題に対する児童生徒の取り組みを評価することで，学習した知識や技能が生きた力として身に付いているかを捉えることができる。

パフォーマンス評価の特徴は，パフォーマンス課題に対する取り組みを，ルーブリックという指針を用いて評価する点にある。ルーブリックは，「このようなことができれば段階A」，「たしかにこのようなことができているが，十分にできていない場合は段階B」というように，パフォーマンス課題に対する児童生徒の活動を，レベル分けして捉えるための指針である。ルーブリックを用いたパフォーマンス評価は，児童生徒の自己学習を効果的に促すことができる利点を有する。というのは，教師がルーブリックを用いて，児童生徒一人ひとりに対して「今あなたはこのようなことができるようになっている」と個々人のよい点を認めたうえで，さらに「次は，こういうことができるようになるともっとよいと思う」と明示的に次の課題を指し示すことができるからである。加えて，このルーブリックの作成は，教師自身が，児童生徒の道徳性の発達を理解する力を身に付ける取り組みにもつながりうる。そして，そのルーブリックを用いて，自身の道徳科の指導の効果を自分自身で振り返ることにもつながる。

ここまで確認してきたポートフォリオ評価，エピソード評価，パフォーマンス評価は，教科化と共に打ち出された「考え，議論する道徳」というスローガンをもつ道徳科の評価方法として有効なものである。児童生徒たちがリアルさを感じる課題に取り組む中で，「考えた」過程や「議論」の過程をていねいに捉え，その変化を評価することが，ここまで確認してきた道徳科の評価方法に共通している点である。また，評価の客観性を担保するために，複数の教員での協力を重視し，また，評価の根拠をエピソードやルーブリックなどで児童生徒や保護者に公開できるように備えることも共通している。

5．評価方法の留意点

　最後に，これら評価方法の留意点を記しておこう。これらの評価方法は，これまでの慣れ親しんだ評価のやり方とは異なる点も多いだろう。したがって，はじめのうちは，これら評価方法を形式的に理解するところから始め，この評価方法に習熟することが重要である。ただし，最も大切なのは，道徳性を適切に評価し，児童生徒の成長を促進すること，及び，教師自身の指導を充実・改善することであって，これら評価方法をマスターすることではない。道徳性が発達するとはどのようなことを意味するのか，その発達を促す指導とは何か，といった道徳教育に関する学問的な理解に基づいたうえで，これら評価方法が利用されることが望ましいだろう。

参考文献

西野真由美（2017）「［総説］道徳科における評価」西野真由美・鈴木明雄・貝塚茂樹編『「考え，議論する道徳」の指導法と評価』教育出版，pp.144-160。

松下佳代（2007）『パフォーマンス評価——子どもの思考と表現を評価する』日本標準。

文部科学省（2018）『小学校学習指導要領（平成29年告示）解説　特別の教科　道徳編』廣済堂あかつき。

（安喰勇平）

Q4　指導要録における道徳教育の評価のつけ方について述べなさい

1．指導要録における道徳教育の評価

　指導要録とは，学校教育法施行規則で定められた公簿である。指導要録は，児童生徒の学籍や，指導の過程および結果の要約を記録するものであり，その後の指導や外部に対する証明等に役立たせるための原簿としての役割を担っている。指導要録の様式については，設置者の教育委員会が定めるものとされており，その様式に基づいて，各学校において校長の権限で作成されている。文部科学省は，学習指導要領の改訂ごとにその趣旨を踏まえた指導要録の参考様式を提示しており，これを参考にしながら，様式が作成される。

　指導要録には，「学籍に関する記録」と「指導に関する記録」とがあるが，道徳教育の評価は，「指導に関する記録」で記される。指導要録における道徳教育の評価は，次の2つに大別できる。すなわち，学校の教育活動全体を通した道徳教育の評価，「特別の教科　道徳」の評価，の2つである。

2．指導要録における学校の教育活動全体を通した道徳教育の評価

　指導要録における学校の教育活動全体を通した道徳教育の評価は，次に示す「行動の記録」と「総合所見及び指導上参考となる諸事項」の2つの欄と関係がある。

（1）行動の記録

　指導要録における「行動の記録」の記入欄は，学校生活全体にわたって認められる児童生徒の行動について，各項目の趣旨に照らして十分満足できる状況にあると判断された場合に，〇印を記入することとなっている。

　小・中学校の参考様式では，「基本的な生活習慣」「健康・体力の向上」「自主・自律」「責任感」「創意工夫」「思いやり・協力」「生命尊重・自然愛護」「勤

217

労・奉仕」「公正・公平」「公共心・公徳心」の10項目となっている。

（2）総合所見及び指導上参考となる諸事項

指導要録における「総合所見及び指導上参考となる諸事項」では，次に示す事項等が文章で記述される。各教科等の学習に関する所見，特別活動に関する事実および所見，行動に関する所見，児童生徒の特徴・特技，児童生徒の成長の状況に関わる総合的な所見，などである。道徳教育の評価は，行動に関する所見や，児童生徒の成長の状況に関わる総合的な所見との関わりが深い。これらの欄では，学校の教育活動全体で行う道徳教育との関わりにおいて，児童生徒の道徳性の特徴と成長の様子を文章で記述する。評価にあたっては，教育活動全体での児童生徒の人間的な成長を見守り，あたたかい人格的なふれ合いのなかで共感的に理解し，評価を行うことが重要である。

3．指導要録における「特別の教科　道徳」の評価

2015（平成27）年3月に学習指導要領の一部改正が行われ，これまでの「道徳の時間」は，新たに「特別の教科　道徳」という教科に位置付けられた。これにともない，指導要録の参考様式に，「特別の教科　道徳」の欄が新設されることになった。ここでは，児童生徒の学習状況や道徳性に係る成長の様子を個人内評価として文章で記述する。

参考文献

市川伸一編集（2019）『2019年改訂　速解　新指導要録と「資質・能力」を育む評価』ぎょうせい。

石井英真・西岡加名恵・田中耕治編著（2019）『小学校　新指導要録　改訂のポイント』日本標準。

教育開発研究所編（2019）『新指導要録全文・解説と通知表の作成』教育開発研究所。

諸富祥彦編著（2018）『小学校道徳　評価を位置付けた授業プラン＆通知表文例集』明治図書出版。

（板橋雅則）

Q5　道徳科の評価の際に留意すべき点を説明しなさい

1．特別の配慮を必要とする児童生徒への評価

「特別の教科　道徳」（以下，道徳科）という新しい科目を要として行われることとなった道徳科の評価は，いくつかの点に留意しながら実施される必要がある。その留意点を大きく3点に分け，以下で確認していこう。

1点目は，特別な配慮を必要とする児童生徒への評価についてである。現在，発達障害などのある児童生徒が通常の学級に在籍することは決して珍しいことではない。このような児童生徒の十分な学びが実現できるよう様々な手立てが各教科で検討されているが，道徳科もその例外ではない。道徳科の評価においては，発達障害などのある児童生徒が感じている困難さがそれぞれ異なることを認識することが重要である。例えば，①「聞く・話す」はできても「読む・書く」が苦手といった学習上の困難さ，②集中することや継続的な行動をコントロールすることの困難さ，③相手の心情理解が難しいなどの他人との社会的関係の形成の困難さ，が挙げられる。

児童生徒個々の抱える困難さを認識したうえで，道徳科の中でどのような困難が生まれるかを検討する必要がある。例えば上述の①の場合は，自分の気持ちをうまく文章で表現できないことが予想される。②の場合は，ルールを守る気がないように見えたり，安全を軽視したりしているように見える可能性がある。③の場合は，明文化されていない暗黙のルールや一般的な常識が理解できないことがあるだろう。このように道徳科の指導上の困難は一人ひとり異なる。この困難に応じた配慮が指導するうえで必要となる。①の場合は，文字で書かれた言語でのやり取り以外にも，口頭でのやり取りを積極的に取り入れるように配慮する必要がある。②の場合は，「ここまでやったら次の活動に移りましょう」など具体的で短期的な見通しを示した指導を心がけることが重要になる。③の場合はルールを明文化したり，他者の心情を

理解できるように役割を演技する授業を行ったりする配慮が必要になる。

　このような指導上の配慮を踏まえたうえで，評価を行うことが重要である。上述の配慮を施した結果，その児童生徒が多角的な見方へと発展しているか，道徳的価値を自分のこととして捉えているかを，ていねいに見て取る必要がある。その際，他の児童生徒との比較に基づいて評価するのではなく，あくまでその児童生徒個人のうちで道徳性に関してどのように成長したのかを評価する個人内評価という考え方が，特別な配慮の必要性の有無に関わらず，道徳科の評価の基本方針である。そして，その評価の際には，一人ひとりの児童生徒のよさを積極的に認め，励ますという視点が重要である。

　さらに，近年では，外国人の児童生徒の数が増加しているため，彼らに対する指導上及び評価上の配慮が求められていることにも留意する必要がある。彼ら外国人の児童生徒に対しても，それぞれの抱える困難さ，道徳科の指導上の困難，指導上・評価上の配慮を整理することが重要である。特に，日本語能力に困難さを感じる場合が多いと考えられるため，言語を用いたやり取りだけでなく，普段のクラスメイトとの関わりの姿を積極的に評価対象としていくことが望ましいだろう。

2．評価の客観性の担保

　2点目は，評価の客観性を担保することについてである。道徳科の評価は，教師が見て取った児童生徒の記述や発言，振る舞いなどに基づいて行われる。数値ではっきりとその得点が出るテストなどを用いるのではなく，教師が見取った児童生徒の記述や発言，振る舞いなどを用いる道徳科の評価は，教師の主観に大きく左右されることになる。教師の主観に左右されることには，利点と欠点がある。利点は，普段から長い時間，児童生徒と接していなければ見て取ることができない成長の跡を見て取ることができる，というものである。しかし，欠点もある。それは，教師の評価の根拠が曖昧になる可能性や，その評価の妥当性が低くなる可能性があることである。

　道徳科の評価の客観性を担保するための工夫として以下の3点を挙げることができる。1点目は，評価の素材を十分に蓄積することである。児童生徒

の成長の過程を評価するためには，継続的に児童生徒の記述や発言，振る舞いなどに関する情報を蓄積し，その変化を読み取ることが必要である。したがって，ポートフォリオを作成するなどの工夫や，日々の児童生徒の発言や振る舞いをエピソードとして記録しておくことが重要になる。このように評価の素材を蓄積することは，具体的な根拠に基づいた評価を可能にする。

　2点目は，複数の教員で協力して評価活動を行うことである。道徳科の評価は，教師と児童生徒との間の密接な関係に基づいて行われるものであるが，複数の教師が評価に関わることで，多面的・多角的な評価が可能になる。例えば，他の教員に参観してもらうことによって，担任の教師が気付いていなかった児童生徒のよい点に気付かされることがあるだろう。他にも，複数の教師で，同一の評価対象を評価し，その評価の違いを共有したうえで，どのような評価が適切かを調節することも効果的だろう。このような取り組みを行うことによって，より客観性の高い評価活動が可能になる。

　3点目は，通知表の文言をわかりやすくする，ということである。道徳教育に関する用語には，道徳的心情や道徳的判断力などの抽象度の高いものが多く含まれている。通知表では，これら抽象度の高い用語ではなく，より具体的にどのような変化・成長が見られたのかを記述することが望ましい。保護者と協力して，児童生徒の成長を促すために，保護者に，実感を伴った理解が可能な文言で通知表を記述する必要がある。

3．道徳科の評価を入試に利用しない

　3点目は，道徳科の評価を入試に利用しないという点についてである。道徳科の評価は，道徳的諸価値の理解の到達度を測り，数値を付け，他者と比較し，優劣を決めるものではない。そうではなく，それぞれの児童生徒がどのような学習状況にあるかをていねいに確認し，どのような成長の過程をたどってきたかを受け止めて認め，さらなる成長を励ますという視点から行われるのが道徳科の評価である。このような特徴を有する道徳科の評価は，優れた学生を選抜するための入学者選抜や調査書とは相いれないものである。

4. 道徳科の評価の基本に立ち返ること

　ここまで道徳科の評価をする際の留意点を3点に絞って整理してきた。1点目は，特別な配慮を必要とする児童生徒への評価について，2点目は，評価の客観性を担保することについて，そして3点目は，入試に道徳科の評価を利用しない点について，である。これらの留意点は，それぞれ全く異なる内容を指しているが，どれも道徳科の基本的な方針に立ち返ることでシンプルに理解できる。すなわち，3つの留意点は，道徳科の評価が一人ひとりの成長を促すことを目指した個人内評価であることを起点にすれば，よく理解できる。道徳科の評価を実際に行うとき，様々な実践上の問題に直面することがあるかもしれない。その都度，道徳科の評価の基本に立ち返ったうえで，個々の問題に取り組んでいくことが重要である。

　ただし，道徳科の評価の基本に立ち返ること自体は，決して易しいことではない。というのも，「一人ひとりの成長を促すことを目指した個人内評価」を十分に行うためには，評価者が「成長」や「道徳性の発達」という事柄に関する学術的な見識を備えている必要，及び各内容項目に関する深い理解を備えている必要があるからである。そうでなければ，道徳科の評価は，児童生徒の個別性を尊重するという美辞麗句のもと，児童生徒の現状をただ肯定するに留まる可能性がある。道徳科の評価に関わる留意点を踏まえたうえで，評価を通して成長を促せるように，評価者である個々の教員が道徳教育に関する深い理解を備えることが求められる点に留意する必要がある。

参考文献

赤堀博行（2018）『道徳の評価で大切なこと』東洋館出版社。

西野真由美（2017）「［総説］道徳科における評価」西野真由美・鈴木明雄・貝塚茂樹編『「考え，議論する道徳」の指導法と評価』教育出版，pp.144-160。

文部科学省（2018）『小学校学習指導要領（平成29年告示）解説　特別の教科　道徳編』廣済堂あかつき。　　　　　　　　　　（安喰勇平）

Q6　道徳教育における指導と評価の一体化（カリキュラム評価，授業評価）について説明しなさい

1.「指導と評価の一体化」の潮流

　評価（教育評価）は，わが国では明治時代から意識され，戦後においては教育目標，教育内容，教育方法と不可分の関係にあるものと認識された。しかし，今日でも教育界の風潮として，評価することは成績をつけること，あるいは順位を決めることというイメージから完全に払拭されていない。その結果，指導と評価の関係の重要性について，一部の研究者は声を上げても，実践場面においては，その知見は十分に浸透されにくい状況にある。

　ところが，2017年3月に告示された小中学校の学習指導要領の総則では，「児童（生徒）のよい点や進歩の状況などを積極的に評価し，学習したことの意義や価値を実感できるようにすること」，「学習の過程や成果を評価し，指導の改善や学習意欲の向上を図り，資質・能力の育成に生かすようにすること」（括弧内は中学校）という評価の基本的姿勢が示された。つまり，各教科等の目標および内容が，育成を目指す資質・能力の3つの柱（「知識及び技能」，「思考力，判断力，表現力等」，「学びに向かう力，人間性等」）に沿って整理され，目指すべき資質・能力が明確化された。それによって，教師が子どもの学習の成果を的確に捉え，「主体的・対話的で深い学び」の視点から授業改善を図る，いわゆる「指導と評価の一体化」が促進された。また同時に，「社会に開かれた教育課程」を編成し，学校全体で教育活動の質の向上を図る「カリキュラム・マネジメント」も明文化され，その一側面として，「教育課程の実施状況を評価してその改善を図っていくこと」も示された。このためには，評価を含めたPDCAサイクルの確立が求められるが，この確立も「指導と評価の一体化」を促進するための営みであった。

　このような学習指導要領の改訂によって，「指導と評価の一体化」の必要

性が広く知られるようになり，その潮流は，各教科等，つまり各教科だけでなく教科外の領域においても広がることになった。

2．道徳科における「指導と評価の一体化」の状況

ところが，「特別の教科 道徳」は，他の教科等と比べて，その潮流には十分に乗り得ていない状況にある。その点は，2017年改訂の学習指導要領における各教科等の目標の記述を見れば一目同然である。すべての教科をはじめ，教科外の領域の総合的な学習の時間や特別活動においても，その目標の文章が，基本的に，「……の見方・考え方を働かせ，……を通して，………，資質・能力を次のとおり育成することを目指す」と述べられたあとで，各教科等にふさわしい３つの柱に沿って記述されている。それに対して，「特別の教科 道徳」の教育目標は次のように示されている。

「……に示す道徳教育の目標に基づき，よりよく生きるための基盤となる道徳性を養うため，道徳的諸価値についての理解を基に，自己を見つめ，物事を多面的・多角的に考え，自己の生き方についての考えを深める学習を通して，道徳的な判断力，心情，実践意欲と態度を育てる。」（小学校）

このように，目標の文章においては，「見方・考え方」をはじめ，３つの柱となっている「資質・能力」という語句もまったく見られない。その目標を達成するための教育内容に相当する箇所がその目標の記述のあとに示されているが，そこを眺めてみても，他の教科等に見られるような，３つの柱として示される資質・能力に沿った内容の記述は明確には見られない。このような学習指導要領の現状を見る限り，道徳科においては「主体的・対話的で深い学び」の視点から「指導と評価の一体化」を積極的に推進する姿勢は，文章としては顕著に見られていないのである。

3．道徳科における「指導と評価の一体化」を阻む原因と現状

とくに道徳科における「指導と評価の一体化」を阻む原因としては，道徳授業の誕生とその後の経緯が考えられる。つまり，概して言えば，戦後の道徳教育は，社会科や生活指導を中心とする考え方と差異化を図る意味で，読

み物資料の活用を重視し，道徳性の育成のために道徳的価値の内面化を促進するという道徳授業がアプリオリに受容され，固定化されてしまったからである。その結果，登場人物の内面を探るような資料の解釈とそれに基付いた指導過程の発問のあり方が熱心に検討されても，子どもにとっての指導の成果を注視することに対しては，あまり関心が向けられてこなかった。それゆえ，子どもの学習状況を的確に捉え，指導の改善を図るという「指導と評価の一体化」の発想は，道徳授業において強く意識されなかった。

　しかし，そのような発想が，2017年改訂の学習指導要領の改訂によって教育課程全体で進められている改革の中で，道徳科固有の特別な理由からいつまでも許されるべきものではない。もちろん，その改訂においても，道徳科にかかわる記述は，徐々にではあるが，変化の潮流の影響を受けて，改善の方向に進められている。例えば，先ほど示した道徳科の目標の記述については，評価するうえで「見える化」されにくい「補充，深化，統合」や「道徳的実践力」などの用語は削除されている。また，「主体的」な「深い学び」と親和性の強い「多面的・多角的に考え」という用語が新たに加えられている。また，道徳科の「指導計画の作成と内容の取扱い」のところでは，「児童の学習状況や道徳性に係る成長の様子を継続的に把握し，指導に生かすよう努める必要がある。ただし，数値などによる評価は行わないものとする」（小学校）と記され，「学習状況や道徳性に係る成長の様子を継続的に把握し」という評価のあり方に関する文言が，学校教育全体で行われる道徳教育でなく，とくに道徳科に絞って加筆されている。したがって，現状を言えば，道徳科においては，「指導と評価の一体化」は，明確化という点で他の各教科等に比べて少し遅れをとっているが，その潮流に沿うように確実に改善されつつあり，その意味で，まさに緒についたばかりである。

4．道徳科における「指導と評価の一体化」に向けて

　道徳科において，評価だけが工夫されても大きな意味をもたないばかりか，むしろ評価に内在する危険な統制的機能が情報的機能よりも強く作用しかねない。現実の指導と適切に結びついてこそ，評価は情報的機能を発揮す

る。そのためには，「『特別の教科　道徳』の指導方法・評価等について（報告）【概要】」（2016年）において，「単なる話し合いや読み物の登場人物の心情を読み取りに偏ることなく道徳科の質的転換を図るためには，学校や児童生徒の実態に応じて，問題解決的な学習など質の高い多様な指導方法を展開することが必要」と述べられたように，質の高い多様な指導方法が求められる。その報告書では，指導方法の「型」ではなく，「イメージ」として，「読み物教材の登場人物への自我関与が中心の学習」，「問題解決的な学習」，「道徳的行為に関する体験的な学習」という３つの事例が示されている。

　それらのイメージを起点にして生み出される質の高い多様な授業の指導方法によって，子どもの側から見れば，子どもは自らの成長を実感し，意欲の向上につながることを期待される。また，他方の教師側から見れば，教師は指導方法を創り出し，その指導方法による子どもの成長の様子を個人内評価し，その評価によって得た情報を新たな指導方法の改善や創造に役立てるという「指導と評価の一体化」の実践を期待される。そのような授業開発とそれに伴う授業評価が日々進められることを基盤として，さらに道徳科と道徳教育のカリキュラム開発とそれに伴うカリキュラム評価が促進されねばならないであろう。それによってこそ，道徳科の質的転換，さらには学校教育全体の道徳教育の質的転換が実現されるであろう。ただし，その際には，指導と評価だけでなく，目標と内容の抜本的な検討も必要不可欠であろう。

参考文献

「『特別の教科　道徳』の指導方法・評価等について（報告）」（道徳教育に係る評価等の在り方に関する専門家会議）https://www.mext.go.jp/component/b_menu/shingi/toushin/__icsFiles/afieldfile/2016/08/15/1375482_2.pdf　（2020年7月31日閲覧）。
西野真由美・鈴木明雄・貝塚茂樹編（2017）『「考え，議論する道徳」の指導法と評価』教育出版。

（吉田武男）

第10章

現代的諸課題に応える道徳教育

Q１　情報モラル教育はどのような理由で必要とされているのか説明しなさい。また，情報モラル教育の課題について考え，論じなさい

1．子どもたちのインターネット利用実態

　「令和２年度青少年のインターネット利用環境実態調査」を見ると，青少年（当調査では満10歳から満17歳までの者を指す）の95.8％がインターネットを利用しているという。その際の利用媒体としては「スマートフォン」が70.1％と最も高く，そのうち「自分専用のスマートフォン」を使っている割合は小学生だと41.0％，中学生だと84.3％，高校生だと99.1％となっている。利用内容としては「動画視聴」「ゲーム」「コミュニケーション」「音楽視聴」などが多いが，多様化している。平日１日あたりのインターネット平均利用時間は経年で増加しており，2020年度の結果は205.4分となっている。

　別の調査として，次に「令和２年の犯罪情勢」を見よう。SNSに起因する事犯の被害児童数（当調査では児童とは満18歳に満たない者を指す）だが，2020年は1,819人（2019年は過去最多の2,082人）を記録している。「サイバー犯罪」の検挙件数も増加しており，2020年は9,875件である。

2．「影の部分」に対応するための情報モラル

　2000年代に入り，インターネット上で起こる様々な問題が世間からも注目

されるようになった―例えば出会い系サイト，チェーンメール，ネットウイルス，違法ダウンロード，個人情報漏洩，ネットいじめ，ネット依存など。なかでも2004年6月1日に発生した佐世保での同級生刺殺事件は，それが学校のなかで起こった事件であり，かつインターネット上でのトラブルが事件発生の要因だと分析されたことで，大きく取り上げられた。

　情報モラルに関する事業が積極的に取り組まれるようになったのもこの頃である。2007年に，文部科学省委託事業としてポータルサイト「やってみよう情報モラル教育」が公開された。そこでは，情報モラルとは「情報社会を生きぬき，健全に発展させていくうえで，すべての国民が身に付けておくべき考え方や態度」であると説明されている。インターネット上で生じるトラブルは，学齢期の子どもたちを当事者（加害者及び被害者）とするレベルにまで及んでいる。そのため，子どもたちが情報社会を生きぬいていけるよう，身を守るための心構えや知恵を早いうちから身に付けさせていく必要があると考えられたのである。情報社会の「影の部分」に対応するための教育として情報モラル教育を行い，そのような情報モラル教育を通して「情報社会に参画する態度」を養うことが目指された。

3．「情報活用能力」の構成要素としての情報モラル

　日本政府は2050年の社会のあるべき姿として，「超スマート社会」（いわゆるSociety 5.0）なるものを掲げている。それは，人工知能，IoT（Internet of Things），ICTなどの高度技術が日常生活に浸透することによって，現実空間とバーチャル空間が融合した社会であるという。例えば，現実空間の様々な場所に設置されたセンサーが自動で情報を収集しビッグデータを作り上げる。そのビッグデータを人工知能が解析することで「高付加価値な情報」や「新しい価値」が次々と生成されていく。そして，これらの情報・価値を現実空間にフィードバックすることで，人間はよりよい生活を送ることができるようになるというイメージである。

　「超スマート社会」はロボットや人工知能によって支配された社会としてではなく，人間中心の社会として構想されている。しかし，それを人間中心

の社会としていくためには，人間の側の変容も必要になる。今後，私たちの生活にますます浸透していくだろう新たな諸メディアとの関係のなかで，人間は自分自身の身体，感覚，認知，存在を拡張させていくことが必要となる。

　2017年改訂学習指導要領では「学習の基盤となる資質・能力」であり，教科横断的な視点で育んでいく能力として「言語能力」「問題発見・解決能力」そして「情報活用能力（情報モラルを含む）」が挙げられている。情報モラルは，各教科等の学習を充実させていくために必要な資質・能力であり，そのように捉えられた情報モラルの教育を通して，「超スマート社会」を人間らしく生きぬいていく力を育むことが求められている。

4.「自己責任」の情報モラルを超えて

　子どもは1人の個人としてインターネット社会に参入している。保護者や教師の監視の目は届きにくくなっており，インターネット上の危険から子どもたちを保護することは困難になっている。最近はフィルタリングの啓発活動が進められているが，それでもインターネット社会は基本的に「自己責任」の社会であるため，情報モラル教育では，危機回避の知恵や技術を伝えると同時に，「自己責任」意識を啓蒙することが重視されてきた。

　令和に入ってからも様々な問題が現れている——例えば，SNS上でのトラブル，ネット炎上，フェイクニュース，匿名での誹謗中傷など。いずれの問題も「自己責任」意識を高めていくことで避けられると言えるかもしれない。しかし，インターネット社会の「影の部分」を扱い，その上で「自己責任」を強調するような情報モラル教育によって，果たして「情報社会」や「超スマート社会」に「参画する態度」を養うことができるのだろうか。そういった社会に対する恐怖心をあおるだけのものになるかもしれない。

　例えば情報倫理学を専門とする越智（2004）は「自己責任」に代わる概念としての「役割責任」について述べている。「役割責任」という概念の特徴は，力の格差に応じて責任の格差も生まれると考える点にある。ただし，子どもは弱者だから責任の程度を軽くしてよい，という話ではない。例えば，

インターネットの向こう側にいる人がその機器や技術に頼らなければ生活が困難な人である可能性を想像してみよう。越智は特別支援教育の領域を例として挙げているが，他にも被災者，生活困窮者，文化的少数者など様々な人を想像できる。インターネット上での私たちの行動は，こういったすがる思いでインターネットを利用している人たちに対して致命的な影響を与えるかもしれない。このようなことを想像するとき，自らの「役割責任」について考える場が生まれてくる。情報モラル教育が「超スマート社会」に主体的に参画し，公共的なネットワークを作り上げていく態度の涵養を目指すならば，そこでは「自己責任」だけではなく，「役割責任」のような前向きに引き受けていけるような責任も扱っていく必要があると考える。

参考文献・URL

「情報モラル教育」指導手法等検討委員会編（2007）「やってみよう情報モラル教育」http://jnk4.info/www/moral-guidebook-2007/index.html（2020年6月30日閲覧）。

警察庁（2021）「令和2年の犯罪情勢」https://www.npa.go.jp/publications/statistics/crime/situation/r2_report_c.pdf（2021年8月9日閲覧）。

文部科学省（2020）「教育の情報化に関する手引（追補版）」https://www.mext.go.jp/a_menu/shotou/zyouhou/detail/mext_00117.html（2020年6月30日閲覧）。

内閣府（2021）「令和2年度　青少年のインターネット利用環境実態調査報告書」https://www8.cao.go.jp/youth/youth-harm/chousa/r02/net-jittai/pdf-index.html（2021年8月9日閲覧）。

越智貢（2004）「電子ネットワークの中の責任」越智貢編『情報倫理学入門』ナカニシヤ出版。

（相馬宗胤）

Q2　道徳教育において生命倫理のテーマを扱うことの意義と難しさを説明しなさい

1．なぜ生命倫理は「現代的な課題」なのか

　2017（平成29）年改訂学習指導要領『特別の教科　道徳編』（中学校）の「第3　指導計画の作成と内容の取扱い」2（6）には，「例えば，科学技術の発展と生命倫理との関係や社会の持続可能な発展などの現代的な課題の取扱いにも留意」するよう記載されている。生命倫理は「現代的な課題」として，とりわけ中学校の道徳教育で取り扱われることになっているのである。

　では，なぜ「現代的」な課題なのだろうか。例として「脳死」を取り上げてみよう。脳死は果たして「死」なのかという論争があるように，その評価はいまだ定まっていない。脳死は現実的には臓器移植と結び付いているが，日本の臓器移植例は世界と比べて多くはない。脳死臓器移植には賛否両論あるのが現状である。その理由は，脳死が現代に現れた新たな現象であることに起因している。脳死は人工呼吸器のような生命維持装置が開発されたがゆえに生まれた。脳の機能が停止しても心臓が動き続けることができ，かつ，それを他の人の身体に移植できる科学技術が発展したからこそ，脳死臓器移植は可能になったのである。それまでは人の死と言えば，心臓死であった（ただし，心臓死もまた病院で最期を迎えることが当たり前になったがゆえに定着したという点で歴史的なものである）。脳死という現代特有の現象が生じたために，心臓死に支えられた，いかに生き，死を迎えるのかという価値観が揺らいだのである。

　医療・生殖技術の発展はほかにも様々な生命倫理の課題を生み出している。妊婦検診における3D画像処理技術を通じた胎児の様子の可視化は，親が出産前に子どもの性別や疾患を，実感を伴って考えることを可能にした。新型出生前診断は，母体に危害を加えるリスクを減らすことで，親が胎児の障害の有無を知り，経済状況等を考慮したうえで堕胎をするか否かの決断をする

ことを容易にした。体外受精や代理母などを含む生殖技術の発展は，親子や家族という従来の考え方（これも歴史的なものである）を問い直している。

　現代的な課題を道徳教育で取り扱う際に注意しなければならないのは，慣習として確立されてきた道徳では当該の問題を扱うことができない点である。児童生徒だけでなく教師も含めて，道徳教育で扱う内容項目の多くは，日々の生活経験を積み重ねる中で身に付けられていることが多い。もちろん，生活経験は人によって異なるために，学校の道徳授業では話し合いなどを通じて，互いの考え方の違いや価値の多面性に気付く活動が重要になる。それでも，ある程度共有された土壌はあり，多くの点で互いの意見は一致していよう。対して，生命倫理の課題の場合はそうはいかない。教師も含めて，授業の参加者は自らの価値観を反省的に考える姿勢が求められる。

2．生命倫理のテーマを道徳授業で扱う際に気をつけるべきこと

　では，こうした現代的な課題を道徳授業で扱う際に気をつけるべき点は何か。学習指導要領解説には次のように示されている。「これらの諸課題には多様な見方や考え方があり，一面的な理解では解決できないことに気付かせ，多様な価値観の人々と協働して問題を解決していこうとする意欲を育むよう留意することが求められる。」（p.101）生命倫理を含めた現代的な課題は，複数の価値が対立する場合が多く，そのうち何に比重をおいて判断するのかは人によって多様である。道徳授業では，教師は複数の内容項目が互いに関連し合っていることを意識した指導を行う必要があるとともに，多様な考え方を尊重する風土を学級につくりだしていくことが求められる。

　また，「答えが定まっていない問題を多面的・多角的視点から考え続ける姿勢を育てることが大切」（p.101）だと記されているように，児童生徒には，安易に結論を出させるのではなく，迷い，葛藤しながら粘り強く考える知的な態度を育てることも重要である。ただし，自分の誤りを認める勇気や他の児童生徒の意見に耳を傾けようとする開かれた心は，道徳授業だけで育むことはできない。他の教科での指導や学級経営での地道な取り組みが望まれる。

　学習指導要領の「現代的な課題」を記した箇所には「多様な見方や考え方

のできる事柄について，特定の見方や考え方に偏った指導を行うことのないようにすること」という但し書きが書き込まれている。そのためには，そもそも教師自身が多様な見方や考え方のあることを知っておかなければならない。例えば，動物倫理の課題について，動物の権利を考慮する立場から菜食主義を採る人がいるが，「菜食主義」としてくくられる立場の中には様々な立場があるし，権利を認める動物の範囲も多様である。もちろん，すべての見方や考え方を網羅することはできないだろうし，授業でそのすべてを取り上げることは現実的でない。だが，少なくとも教師自身は日ごろからアンテナを張っておく必要がある。また，多様な見方や考え方を促すといっても，とりわけ生命倫理の課題について，多くの児童生徒は十分な情報をもち合わせていないし，彼らにとって身近なテーマでもなかろう。マンガや映画，新聞の投書などを適宜活用して児童生徒に具体的なイメージをもたせ，憶測だけで話し合うことのないよう配慮すべきだろう。

3．生命倫理のテーマを扱うことの根源的な難しさ

　生命倫理のテーマを道徳授業で扱う場合，多様な見方や考え方を尊重するだけでは解消されない，より根源的な難しさがある。

　その1つは，宗教と関わりが深い点にある。例えば，人工妊娠中絶の課題は堕胎される胎児を道徳的な配慮をすべき「人格」に含めるべきか，女性の子どもを産む権利（「リプロダクティブ・ライツ」と呼ばれる）をどう考えるか，胎児に何らかの障害のあることが判明した場合にその生の質（「クオリティ・オブ・ライフ」と呼ばれる）をどう位置付けるのか，といった論点がある。それらの論点には，生命を操作することや性生活，どこから人と認めるのかをめぐる宗教観が関わってくる。人はどのように生き，どのように死を迎えるべきかという事柄は，宗教の扱う領域でもある。そのため，生命倫理の課題は，話し合いを通じて互いの意見の正当性を吟味し，合意に至ることが極めて難しい。安易に結論を出させるのではなく，考え続ける姿勢を育てることが大切だと言われるゆえんはここにもあろう。

　また，仮に話し合って，あるいは自分でよく考えて一定の結論を児童生徒

が出したとしても，割り切れなさが残ることには十分留意する必要がある。例えば，2010年に改正された臓器移植法によって，15歳未満の子どもも臓器移植の対象となるとともに，本人の明確な意思表示がなくとも家族の同意によって移植ができるようになった。家族には本人の意思を慮って決断することが求められる。家族は不意に決断を迫られ，結果何らかの決断をすることになるが，その後には自責や後悔の念が残ることが多い。ここで，決断の際に多様な見方や考え方があって迷うだけでなく，たとえ決断をしたとしても葛藤が残り続けるという点に注意を払いたい。多面的・多角的に考えることができるようになれば，より正確な判断ができるようになるというわけではない。生死に関わる決断は取り返しがつかない。ある時点での道徳的な判断が，対象になっている存在の存亡を左右する点で，生命倫理の課題を扱うことは重い判断を迫ることになる。

　その意味で，例えば『豚のＰちゃんと32人の小学生』で描かれた実動物を教材とした教育実践は，真正な道徳判断に立ち合わせるという意味で優れている一方で，子どもたちがその判断を引き受けることのリスクを教師は覚悟しなければならない（生命尊重を教えるために，動物の生命を教材にしてよいかという問題もここには横たわっている）（丸山，2014，第11章）。他方，読み物資料を用いて疑似的に判断をさせるとしても，割り切れなさや自責，後悔の念が残ることも含めて人は道徳判断を行っているのだ，という「人間理解」とそれに寄り添った道徳授業を構想する必要がある。

参考文献

児玉聡・なつたか（2013）『マンガで学ぶ生命倫理』化学同人。

黒田恭史（2003）『豚のＰちゃんと32人の小学生』ミネルヴァ書房。

丸山恭司編著（2014）『教師教育講座　第7巻　道徳教育指導論』協同出版。

文部科学省（2018）『中学校学習指導要領（平成29年告示）解説　特別の教科　道徳編』教育出版。

（杉田浩崇）

Q3　現在，SDGs や ESD がなぜ注目されている のか，説明しなさい

1. SDGs と ESD とは何か

　近年，政治や経済の分野でSDGsやESDという言葉を耳にすることが多くなっている。だが，果たしてそれらはどのようなもので，なぜ注目されているのであろうか。以下では，道徳教育との関係からこの点を確認してみたい。

　20世紀後半に世界中で開発や経済発展などが急速に進むと，開発や発展の持続可能性が問い直されるようになり，1980年代以降，「持続可能な開発」という理念の重要性が指摘されるようになった。国際連合では2015年にこの理念を踏まえて「持続可能な開発のための2030アジェンダ」（以下，アジェンダ）を採択している。SDGsとはこのアジェンダに示された「持続可能な開発目標（Sustainable Development Goals）」のことであり，ESDとはSDGsを実現するためにユネスコが2004年に策定した「持続可能な開発のための教育（Education for Sustainable Development）」のことで，その実施が各国に求められているのである。

　まず，SDGsでは目標として表10-3-1に示す17点が求められている。

　また，ESDでは目標として以下の3点が求められている（文面は文部科学省による）。①全ての人が質の高い教育の恩恵を享受すること，②持続可能な開発のために求められる原則，価値観及び行動が，あらゆる教育や学びの場に取り込まれること，③環境，経済，社会の面において持続可能な将来が実現できるような価値観と行動の変革をもたらすこと。

2. SDGs や ESD がなぜ求められるのか

　では，SDGsやESDはなぜ注目されるのであろうか。2015年のアジェンダでは，次のように述べられている（文面は筆者が部分的に加筆・省略）。

　このアジェンダは，人間，地球及び繁栄のための行動計画である。これは

表10-3-1　SDGsの17の目標

①世界中のあらゆる形態の貧困を終わらせること
②飢餓を終わらせ，食料安全保障及び栄養改善を実現し，持続可能な農業を促進すること
③年齢を問わずすべての人々の健康的な生活を確保し，福祉を促進すること
④すべての人々への包摂的かつ公正な質の高い教育を提供し，生涯学習の機会を促進すること
⑤ジェンダーの平等を達成し，すべての女性と女児の能力を高めること
⑥すべての人々が水と衛生を利用できるようにするとともに持続可能な管理を確保すること
⑦安価かつ信頼できる持続可能な近代的エネルギーにすべての人々がアクセスできるようにすること
⑧包摂的かつ持続可能な経済成長及びすべての人々の完全かつ生産的な雇用と働きがいのある人間らしい雇用を促進すること
⑨強靱なインフラを構築し，包摂的かつ持続可能な産業化の促進とイノベーションの推進を図ること
⑩各国内及び各国間の不平等を是正すること
⑪包摂的で安全かつ強靱で持続可能な都市と人間の居住を実現すること
⑫持続可能な生産消費形態を確保すること
⑬気候変動とその影響を軽減するための緊急対策を講じること
⑭持続可能な開発のために海洋・海洋資源を保全し，持続可能な形で利用すること
⑮陸域生態系の保護や回復，持続可能な利用の推進，持続可能な森林の経営，砂漠化への対処，ならびに土地の劣化の阻止・回復ならびに生物多様性の損失を阻止すること
⑯持続可能な開発のための平和で包摂的な社会を促進し，すべての人々に司法へのアクセスを提供し，効果的で説明責任のある包摂的な制度をあらゆるレベルで構築すること
⑰持続可能な開発のための実施手段を強化し，グローバル・パートナーシップを活性化すること

（文面は「我々の世界を変革する：持続可能な開発のための2030アジェンダ」を基に筆者が一部加筆・修正）

また，より大きな自由における普遍的な平和の強化を追求するものでもある。我々は，極端な貧困を含む，あらゆる形態と側面の貧困を撲滅することが最大の地球規模の課題であり，持続可能な開発のための不可欠な必要条件であると認識する。我々は，人類を貧困の恐怖及び欠乏の専制から解き放ち，地

球を癒やし安全にすることを決意している。我々はこの共同の旅路に乗り出すにあたり，誰一人取り残さないことを誓う。目標とターゲットは，すべての人々の人権を実現し，ジェンダー平等とすべての女性と女児の能力強化を達成することを目指す。これらの目標及びターゲットは，持続可能な開発の三側面，すなわち経済，社会及び環境の三側面を調和させるものである。

　これらの主張および上掲の 17 点の目標からも明らかなように，SDGs が目指すのは人類の生活や幸福の維持だけでなく，地球の自然環境の維持でもある。そして，人類の生活や幸福の維持が目指される際にも，それは一部の特権的な人々や多数派の生活や繁栄だけでなく，社会的にはく奪された（恵まれてこなかった）人々や少数派の生活や幸福の実現・維持も目標とされるのである。性別，年齢，国籍，宗教，出自等にかかわらず，すべての人々の生活や幸福の実現を目指す点は，道徳教育との観点からも注目に値するだろう。

　さらに ESD について日本では，2006 年に決定された「我が国における「国連持続可能な開発のための教育の 10 年」実施計画」（以下，実施計画）で，次のように述べられている（文面は「我が国における「国連持続可能な開発のための教育の 10 年」実施計画（ESD 実施計画)」を基に一部修正）。

　「ESD の目標は，すべての人が質の高い教育の恩恵を享受し，また，持続可能な開発のために求められる原則，価値観及び行動が，あらゆる教育や学びの場に取り込まれ，環境，経済，社会の面において持続可能な将来が実現できるような行動の変革をもたらすことであり，その結果として持続可能な社会への変革を実現することである。」

　すなわち，上掲の ESD の 3 点の目標からも読み取れるように，ESD とは SDGs の実現のための具体的手段として位置付けられるものなのである。もっとも，これらは単に学校教育のみで引き受けきれるものではない。それゆえ実施計画では，ESD は社会の中のあらゆる組織や機関が主体となり実施されることが重要とされ，その中でもとりわけ学校教育に ESD を浸透させることで，子どもを通じて家庭，地域，行政，企業など，全国へ ESD を浸透させることが可能になるとされる。学校教育には，こうした ESD の理念を普及させ，SDGs を実現するための中心的役割が期待されているのである。

3．道徳教育とSDGsおよびESDの関係

　道徳教育は第7章のQ1でも論じられたように，教育基本法及び学校教育法に定められた教育の根本精神を前提としたものとなっている。それらの教育の根本精神としては，幅広い知識と教養の習得，真理を求める態度の育成，個人の価値の尊重，正義と責任，男女の平等，自他の敬愛と協力，社会の形成への主体的な参画と社会の発展への寄与，生命や自然の尊重，他国の尊重や国際社会の平和と発展への寄与などが挙げられるが，SDGsで挙げられた17点の目標は，学習指導要領で求められる道徳教育の目標を地球全体のレベルでとらえたものとみなすこともできよう。学習指導要領はあくまでも日本という枠組みで公的に行われる教育の内容を定めたものであるが，国家を超え，地球全体という規模で道徳教育を考えた場合には，SDGsやESDの理念に沿った力を身に付けさせることも必要となるのである。

　さらに近年，日本社会には外国にルーツをもつ人々が数多く暮らすようになっただけでなく，女性や性的少数者，障害者など，これまでは社会の主流派には必ずしも位置してこなかった人々にようやく光があてられるようになり，そうした人々の活躍の実現が喫緊の課題とみなされるようになっている。そうした中で，様々な違いを超えて，すべての人々の生活や幸福の実現を目指すSDGsやESDの理念は，すべての人々がともに社会を形成し，対等の立場で協力しながら生活や幸福の実現・維持を目指していくうえで，ますます重要な概念となっているのである。

参考文献・URL

内閣官房（2015）「我が国における『国連持続可能な開発のための教育の10年』実施計画（ESD実施計画）」https://www.cas.go.jp/jp/seisaku/kokuren/keikaku.pdf（2020年1月9日閲覧）。

文部科学省（2019）「持続可能な開発のための教育」https://www.mext.go.jp/unesco/004/1339970.htm（2020年1月9日閲覧）。

外務省（2015）「我々の世界を変革する：持続可能な開発のための2030ア

ジェンダ」（外務省による仮訳）https://www.mofa.go.jp/mofaj/
files/000101402.pdf（2020年1月9日閲覧）。

（鈴木　篤）

Q4 人権および人権教育の基本的な考え方と現在の動向について説明しなさい

　人権とは，一人ひとりが人間らしく生きていくために，すべての人が生まれながらにもっている諸権利のことであり，例えば，「世界人権宣言」には，すべての人の法の下での平等や差別の禁止，思想・宗教の自由や集会・結社の自由，政治に参加する権利や意見表明の権利，あるいは教育を受ける権利や社会保障を受ける権利など，非常に多岐にわたる複数の権利が挙げられている。このように何よりもまず，「人権」というのは抽象的な概念や徳目などではなく，長い歴史の中で発展し積み重ねられてきたいくつもの権利を含み込んだ用語であり，その権利は現在もなお，環境権やプライバシーの権利といったように社会の変化とともに増え続ける可能性を有したものであることに注意する必要がある。それに対し，人権教育はそうした諸権利に関する教育ということになるわけであるが，そのことは，ただ上記のような諸権利があることを伝えればよいということではない。「人権教育のための国連10年」には，人権教育が最終的には「人権という普遍的文化を構築する」ことを目指すものであることが示されている。また，国際的に「人権教育」は概して，次の4つの側面からとらえられてきた。

① 人権をめざす教育（Education for human rights）：これは人権教育がすべての人の人権が大切にされるような社会や文化風土の実現をめざしているということを意味している。

② 人権としての教育（Education as human rights）：これは教育を受けること自体が人権であるということを意味している。すべての人が等しく学習する機会が保障されることも人権教育の一側面ということである。

③ 人権に関する教育（Education on human rights）：これは人権や人権に関わる法や条文，歴史，実践，課題等，基礎的知識や情報，具体的な諸問題などについて学ぶことを意味している。

④ 人権を通しての教育（Education through human rights）：これは人権

を学ぶ過程や方法において人権が保障された状態や環境を確保すべきであるということを意味している。人権の大切さを痛感させるために非人道的な方法を用いるということがあってはならないということである。

　現在，人権教育は，国際的には「人権教育のための世界計画」の第 4 段階（2020 〜 2024 年）に入っており，重点対象を「若者」として，特に，平等，人権，非差別，包摂的で平和的な社会，多様性の尊重などに力点を置くことや，「持続可能な開発目標」（SDGs）の目標4.7「2030 年までに，持続可能な開発のための教育及び持続可能なライフスタイル，人権，男女の平等，平和及び非暴力的文化の推進，グローバル・シチズンシップ，文化的多様性と文化の持続可能な開発への貢献の理解の教育を通して，全ての学習者が，持続可能な開発を促進するために必要な知識及び技能を習得できるようにする」ことが目指されている。日本においても 2000 年に「人権教育・啓発推進法」の制定，2002 年に「人権教育・啓発に関する基本計画」の策定（2011 年の一部変更）を経て，現在「女性，子ども，高齢者，障害者，同和問題，アイヌの人々，外国人，HIV 感染者・ハンセン病患者等，刑を終えて出所した人，犯罪被害者等，インターネットによる人権侵害，北朝鮮当局による拉致問題等，その他（同性愛者への差別等）」が具体的な人権課題として挙げられている。2004 年から 2008 年にかけて「人権教育の指導方法等の在り方」に関するとりまとめが第 1 次から第 3 次までだされたり，障害者，ヘイトスピーチ，部落差別の解消法が制定されるなど，現在でも人権および人権教育の取り組みは続けられている。

参考文献

ヨーロッパ評議会企画（福田弘訳）（2006）『人権教育のためのコンパス［羅針盤］』明石書店。

人権教育の指導方法等に関する調査研究会議（2008）「人権教育の指導方法等の在り方について［第三次とりまとめ］」。

神村早織・森実編著（2019）『人権教育への招待』解放出版社。

（田中マリア）

Q5 日本の多文化共生教育の課題について論じなさい

1. 多文化主義とは何か

　多文化主義（multiculturalism）の起源は国民国家内に存在する少数民族への偏見や差別に反対する社会運動に求められる。例えば，アメリカにおけるアフリカ系アメリカ人の差別解消を求めた公民権運動はこれにあたる。

　多文化主義で有名な政治学者ウィル・キムリッカは，多文化共生社会について以下のように述べる。多文化共生社会は，国家内における文化や言語の多様性を認めるとともに，外国人の帰化要件を緩和するといった施策によって実現する。民族や言語の多様性を尊重する一方で，選挙をはじめとする自由民主主義の諸制度は国民性を前提に運用する。これがキムリッカの多文化主義である。つまり，彼にとって多文化共生とは，国民国家内における文化的な多様性が実現された状態を意味する。

　また，チャールズ・テイラーは多文化共生において「承認」が重要な課題であるという。というのも，私たちのアイデンティティは他者の承認によって形づくられ，それが実際の生活にも影響を及ぼすからである。例えば，前述したアフリカ系アメリカ人に対する差別的なまなざしは主に白人から向けられたものであり，それは公共交通機関の利用制限，教育設備や教育機会の格差として彼（女）らの実生活に不利益をもたらした。テイラーはあらゆる個人や集団がもつ独自のアイデンティティの差異を認める，すなわち「差異の政治」が多文化共生の実現に貢献するという。差異の政治において避けられるべきは，一級市民と二級市民の存在，およびマイノリティがマジョリティへと同化させられることである。

　キムリッカやテイラーの思想を整理すると，多文化主義はマイノリティ文化や言語の国民国家への統合に反対し，その自立を求める立場であることがわかる。言い換えれば，多文化主義とは様々な民族が差別および単一の国民

性へと同化されず，それらが共存するための平等な政治的処遇を求める立場である。ただし，現代の多文化主義は必ずしも民族や言語に限らず，ジェンダーや性的指向，宗教など人々の様々な多様性を視野に含めるようになっていることも付言しておきたい。

2．日本の多文化共生教育

日本では1974（昭和49）年の中央教育審議会で，多文化共生教育の必要性について言及された。ここでは国際理解・異文化理解教育を推進する方針が打ち出された。その後も国際理解・異文化理解教育については，例えば「総合的な学習の時間」の学習指導要領において，その内容や取扱いに関して言及されている。現在，多文化共生教育は外国人人口の増加，技能実習生制度の施行といった動向を背景に，さらなる充実が求められている。

こうした動向のなか，文部科学省は多文化共生教育の基本となる視点や情報を掲載した「外国人児童生徒受入れの手引」（2019年改訂）を発行した。この手引では学校管理職，日本語指導担当教師，在籍学級担任など立場に応じた取り組みの視点が解説されている。また，「特別の教科　道徳」の学習指導要領においても「国際理解」や「国際親善」が内容項目として掲げられている。これらの項目について，『学習指導要領解説』ではグローバル化の進行を背景に，国際理解や国際親善が重要な課題となっており，道徳教育は他国の人々や文化に対する理解とこれらに対する尊重，および国際的な平和および発展に貢献しようとする態度を育成しなければならないとされている。

しかしながら，多文化主義の観点からみたとき，日本における多文化共生教育は依然として自国中心主義的であるという指摘もある。多文化共生教育への関心の高まりの背景には，文部科学省や経済界によって提唱されるグローバル人材論の影響がある。教育社会学者の恒吉僚子によると，グローバル人材論では国益に反することなく，グローバル市場における国際競争力の強化に貢献する人材が想定されている。また，松尾知明は日本の学校が日本文化を前提とした仕組みや規範のもとで運営されており（例えば，外国人児

童生徒の文化は「総合的な学習の時間」などに部分的に取り入れられるに留まる），外国人児童生徒を日本に適応させる同化装置として機能しているという懸念を示している。

日本の多文化共生教育には国際競争力の強化に貢献する人材の育成という期待が寄せられている。しかし，ここで見落とされているのは，国際化を推進し，競争力を高めようとするのであるならば，多様な文化を受け入れるための基盤が必要だということである。さらに，こうした基盤は短期間で，滞りなく形成されるわけではなく，その過程においては様々な差異に起因する対立や差別，すなわち承認に関わる問題が生じ得る。

3．これからの多文化共生教育

今後，日本の多文化共生教育は自国中心主義を脱するとともに，あらゆる子どもにとって公正かつ平等な教育の実現を目指していく必要がある。そのためには，民族や言語をはじめとする様々な多様性に関する学習を実施するための環境整備やカリキュラム編成に加えて，教師の倫理も重要であろう。たとえ，多文化共生の観点を盛り込んだカリキュラムが編成されたとしても，それを実際に運用する教師が他の諸文化に対する自文化の優越を掲げるようでは，十分な成果が得られない。教育哲学者の丸橋静香が指摘したように，多文化共生教育に求められるのは，傲慢さを戒める倫理，すなわち控えめな倫理である。

最後に，もう1つ重要なのは多文化共生性と経済格差の緊張関係に対する認識である。現在，欧米諸国では多文化主義を真っ向から否定するような自国中心主義的な言説が一部の層から支持を得ている。この現象の背景にはグローバル資本主義の発展にともなう経済格差の問題がある。グローバル資本主義によってもたらされた人やモノの活発な交流は，価値や文化の多様性に加えて，富の集中も引き起こし，経済格差を生み出した。そこには，平等や多様性の保障や尊重といった価値観が広まる一方で，なおも拡大する貧富の差というギャップがある。多文化共生の壁となる差別的な言説の裏には，経済格差がある。このような認識を欠いた教師の言葉は，たとえそれが多文化

共生を訴え，差別を糾弾するものであったとしても，そのナイーヴさゆえに上滑りしてしまうだろう。

参考文献

チャールズ・テイラー（佐々木毅・辻康夫・向山恭一訳）（1996）「承認をめぐる政治」エイミー・ガットマン編『マルチカルチュラリズム』岩波書店，pp.37-110。

松尾知明（2013）「日本における多文化教育の構築」松尾知明編著『多文化教育をデザインする』勁草書房，pp.3-24。

丸橋静香（2016）「承認論と道徳教育」渡邉満ほか編『「特別の教科　道徳」が担うグローバル化時代の道徳教育』北大路書房，pp.47-59。

恒吉僚子（2016）「教育における『グローバル人材』という問い」佐藤学・秋田喜代美・志水宏吉・小玉重夫・北村友人編『グローバル時代の市民形成』岩波書店，pp.23-44。

ウィル・キムリッカ（角田猛之・石山文彦・山﨑康仕監訳）（1998）『多文化時代の市民権』晃洋書房。

（山中　翔）

Q6 防災教育について道徳教育との関連を踏まえながら説明しなさい

　学校における防災教育は，様々な危険から児童生徒等の安全を確保するために行われる安全教育の一部をなすものである。学校安全は「安全教育」「安全管理」「組織活動」の3つの主要な活動から構成され，「生活安全」「交通安全」「災害安全」の3つの領域からなっているが，防災教育は災害安全に関する教育と同義であり，安全教育の一環として行われるものである。

　1995（平成7）年の阪神・淡路大震災，さらに2011（平成23）年の東日本大震災を契機として，防災教育においてはその取り組みの方向性が大きく変化してきた。文部科学省においては，改めて防災教育・防災管理等を見直すため，「東日本大震災を受けた防災教育・防災管理等に関する有識者会議」を設置し，2012（平成24）年に最終報告を取りまとめた。国においても，同年に「学校安全の推進に関する計画」を閣議決定した。こうした状況を踏まえ，文部科学省は，1998（平成10）年に作成した防災教育のための参考資料『「生きる力」をはぐくむ防災教育の展開』を，新たに学校防災のための参考資料『「生きる力」を育む防災教育の展開』（以下，『防災教育の展開』）として2013（平成25）年に改訂した。またこれと並行して，2001（平成13）年に作成，2010（平成22）年に改訂した学校安全資料『「生きる力」をはぐくむ学校での安全教育』を2019（平成31）年に改訂した。さらに2017（平成29）年には「第2次学校安全の推進に関する計画」（以下，「第2次計画」）が閣議決定されている。

　防災教育のねらいに関して「第2次計画」では，2016（平成28）年の中央教育審議会「幼稚園，小学校，中学校，高等学校及び特別支援学校の学習指導要領等の改善及び必要な方策等について（答申）」において育成を目指す資質・能力が3つの柱で整理されたことを受け，安全教育において育成を目指す安全に関する資質・能力を示している。これを参照しつつ防災教育において育成を目指す資質・能力を示すと以下のようになる。まず知識・技能に

ついては，様々な自然災害の危険性，安全で安心な社会づくりの意義の理解と安全な生活を実現するために必要な知識・技能となる。次に思考力・判断力・表現力等については，自らの安全の状況を適切に評価し，必要な情報を収集し，安全な生活を実現するために何が必要かを考え，適切に意思決定し，行動するために必要な力となる。最後に学びに向かう力・人間性等については，安全に関する様々な課題に関心をもち，主体的に自他の安全な生活を実現しようとしたり，安全で安心な社会づくりに貢献しようとしたりする態度となる。

　こうした資質・能力の育成のためには，教科横断的な視点から教育課程を編成し学校の教育活動全体を通じて系統的・体系的・実践的に防災教育を展開していくことが求められる。道徳教育との関連について『防災教育の展開』では，「道徳教育は，生命の尊重をはじめ，きまりの遵守，公徳心，公共心など，安全な生活を営むために必要な基本的な内容の指導を行う」とされており，「安全にとって望ましい道徳的態度の形成」という観点から防災教育の基盤としての意義をもつとされている。

参考文献・URL

資格試験研究会編（2014）『教員採用試験　教職基本キーワード1200』実務教育出版。

藤田晃之ほか編著（2019）『最新　教育キーワード　155のキーワードで押さえる教育』時事通信社。

文部科学省（2019）『学校安全資料　「生きる力」をはぐくむ学校での安全教育』東京書籍。

文部科学省（2013）『学校防災のための参考資料　「生きる力」を育む防災教育の展開』（PDF版）https://www.mext.go.jp/component/a_menu/education/detail/__icsFiles/afieldfile/2018/12/25/1334780_01.pdf（2020年7月31日閲覧）。

（細戸一佳）

編著者・執筆者一覧

［編著者］

田中マリア　筑波大学人間系准教授，博士（教育学）。

著書：『道徳教育の理論と指導法』（学文社，2013年），（編著）『道徳教育』（ミネルヴァ書房，2018年）。

杉田浩崇　広島大学大学院准教授，博士（教育学）。

著書：『子どもの〈内面〉とは何か』（春風社，2017年），（共著）『教師教育講座 第7巻 道徳教育指導論』（協同出版，2014年）。

［執筆者］（50音順）

安喰勇平	（茨城キリスト教大学助教）
板橋雅則	（明治学院大学講師）
小笠原文	（広島文化学園大学教授）
川上若奈	（関西外国語大学助教）
小林将太	（大阪教育大学准教授）
塩津英樹	（島根大学准教授）
鈴木　篤	（九州大学大学院准教授）
諏訪佳代	（東京都立南多摩看護専門学校非常勤講師）
相馬宗胤	（高松短期大学講師）
竹内伸一	（名古屋商科大学大学院教授）
都田修兵	（岡山短期大学講師）
原口友輝	（中京大学准教授）
平田仁胤	（岡山大学大学院准教授）
細戸一佳	（帝京大学准教授）
前田舞子	（名古屋女子大学短期大学部助教）
丸山恭司	（広島大学大学院教授）
宮本　慧	（土浦看護専門学校非常勤講師）
山口裕毅	（兵庫県立大学講師）
山田直之	（関西大学准教授）
山中　翔	（広島文化学園大学助教）
ヤン・ジャヨン	（茨城県きぬ看護専門学校非常勤講師）

吉田武男　　　（関西外国語大学教授）
吉田　誠　　　（山形大学教授）

新・教職課程演習　第7巻
道徳教育

令和3年11月20日　　第1刷発行

　編著者　田中マリア ©
　　　　　杉田浩崇 ©
　発行者　小貫輝雄
　発行所　協同出版株式会社
　　　　　〒101-0054　東京都千代田区神田錦町2-5
　　　　　　　　　　電話　03-3295-1341（営業）　03-3295-6291（編集）
　　　　　　　　　　振替　00190-4-94061
　印刷所　協同出版・POD工場

ISBN978-4-319-00348-8

新・教職課程演習

広島大学監事 野上智行 編集顧問
筑波大学人間系教授 清水美憲／広島大学大学院教授 小山正孝 監修
筑波大学人間系教授 浜田博文・井田仁康／広島大学名誉教授 深澤広明・広島大学大学院教授 棚橋健治 副監修

全22巻　A5判

協同出版